Maîtriser votre
ANXIÉTÉ

Edmund Bourne, PH.D.
Lorna Garano

Maîtriser votre
ANXIÉTÉ

 Broquet

97-B, Montée des Bouleaux, Saint-Constant, PQ, Canada J5A 1A9,
Tél.: (450) 638-3338 Fax: (450) 638-4338 Internet: http://www.broquet.qc.ca
Email: info@broquet.qc.ca

Catalogage avant publication de Bibliothèque et Archives Canada

Bourne, Edmund J

    Maîtriser votre anxiété

    (Guide de survie)
    Traduction de: Coping with anxiety.

    ISBN 2-89000-720-0

    1. Angoisse. 2. Peur. 3. Autodéveloppement. 4. Relaxation. I. Garano, Lorna.
II. Titre. III. Collection: Guide de survie (Saint-Constant, Québec).

BF575.A6B6814 2005   152.4'6   C2005-941766-8

POUR L'AIDE À LA RÉALISATION DE SON PROGRAMME ÉDITORIAL, L'ÉDITEUR REMERCIE:

Le Gouvernement du Canada par l'entremise du Programme d'Aide au Développement de l'Industrie de l'Édition (PADIÉ); La Société de Développement des Entreprises Culturelles (SODEC); L'Association pour l'Exportation du Livre Canadien (AELC).
Le Gouvernement du Québec - Programme de crédit d'impôt pour l'édition de livres - Gestion SODEC.

Traduction: Anne-Marie Courtemanche
Révision: Pierre Senéchal, Marcel Broquet
Crédit photo de la page couverture: Yves Gagnon
Direction artistique: Brigit Levesque
Infographie: Sandra Martel

Titre original:
Coping with Anxiety publié par New Harbinger Publications, Inc.
Copyright © 2003 par Edmund J. Bourne PhD et Lorna Garano

Pour l'édition en langue française:
Copyright © Ottawa 2005
Broquet Inc.
Dépôt légal — Bibliothèque nationale du Québec
4e trimestre 2005

ISBN: 2-89000-720-0
Imprimé au Québec

Note: *Ce livre a pour but d'offrir des renseignements précis et qui font autorité dans le domaine. Il est vendu en tenant compte du fait que l'éditeur n'est pas engagé dans la fourniture des services psychologiques, financiers, juridiques ou de toute autre forme de services professionnels. Si l'aide d'un spécialiste ou toute autre forme de consultation est requise, les personnes concernées devraient faire appel aux services d'un professionnel compétent.*

CONTENU

Préface

L'anxiété est de plus en plus courante dans notre société moderne. Environ quinze pour cent de la population des États-Unis, soit près de quarante millions de personnes, ont souffert d'un trouble anxieux par le passé. Pourquoi l'anxiété est-elle si commune à notre époque ? Existe-t-il quelque chose dans notre société contemporaine qui favorise l'anxiété en particulier ? À travers l'histoire, les humains ont été exposés à des événements difficiles : guerres, famines, calamités, maladies. Pourtant, notre ère moderne semble tout particulièrement propice à l'anxiété. Mais qu'est-ce qui cloche ?

Lorsque l'on tente d'expliquer la prévalence actuelle de l'anxiété, au moins trois facteurs sont dignes de mention : le rythme de la vie moderne, l'absence générale de consensus à propos des normes et valeurs qui régissent nos vies et le niveau d'aliénation sociale favorisé par la société postindustrielle.

Le rythme de la vie moderne s'est accéléré de façon surprenante au cours des dernières décennies. Les films d'il y a cinquante ans montrent des gens qui marchent, conduisent et vivent plus lentement que nous ne le faisons aujourd'hui. La plupart d'entre nous vivons nos vies comme un feu roulant, en contradiction avec les rythmes naturels de notre corps. Privés de repos et de temps pour « être » tout simplement, nous nous détachons de nous-mêmes et devenons plus anxieux.

En plus du quotidien qui se déroule à un rythme effréné, nous vivons des changements sociaux, technologiques et environnementaux d'une rapidité jamais vue. Notre environnement et notre ordre social ont davantage changé au cours des cinquante dernières années que dans les trois cents années précédentes. Et la vitesse de ces changements risque d'augmenter dans l'avenir. Sans suffisamment de temps pour assimiler ces changements et s'y ajuster, nous devenons de plus en plus anxieux.

Les normes de la vie moderne sont résolument pluralistes. Il n'existe pas d'ensemble de valeurs et de normes partagées, cohérentes et socialement acceptées selon lesquelles les gens vivent comme c'était le cas avant 1960. Dans ce grand vide créé, la plupart d'entre nous tentons de nous débrouiller, et l'incertitude qui en découle en ce qui concerne nos vies laisse amplement de place à l'anxiété. Face à un barrage de visions du monde et de normes incohérentes présentées par les médias, nous nous retrouvons avec la responsabilité de donner un sens à notre vie et de créer notre propre ordre moral. Lorsqu'il nous est impossible de trouver ce sens, plusieurs d'entre nous avons tendance à remplir ce vide par différentes formes d'évasion et de dépendance. Nous tendons à vivre de façon non harmonieuse avec nous-même et devenons par conséquent anxieux.

La sécurité et la stabilité naissent des *appartenances*: se sentir lié à une personne ou à quelque chose, en dehors de nous-même. L'anxiété naît au moment ou vous perdez ce sens de l'appartenance envers vous-même, les autres, votre communauté, la nature, ou peut-être même Dieu ou toute autre puissance supérieure. Lorsque vous vous sentez détaché ou en marge, vous êtes plus susceptible de percevoir presque tout comme une menace potentielle à votre sécurité et à votre bien-être. Si vous recherchez les racines de l'anxiété dans la vie moderne, vous constaterez que la plupart proviennent d'une *perception de menace qui émane de l'absence d'un sentiment d'appartenance.*

Notre mode de vie actuel dans la société postindustrielle contribue de plusieurs façons aux sentiments d'aliénation et de détachement. Historiquement, les gens ont toujours vécu en lien étroit avec la nature. Imaginez le contraste avec la vie moderne qui nous propose de longs trajets sur les autoroutes pour aller travailler, des aliments transformés, des vêtements fabriqués à des milliers de kilomètres de chez nous et des heures sans fin passées devant l'écran du téléviseur ou de l'ordinateur.

Il y a cent ans, les gens connaissaient leurs voisins et les membres de leur communauté. Aujourd'hui, nous vivons dans des maisons individuelles et des immeubles d'appartements et nous connaissons à peine nos voisins. Nous sommes tellement engagés dans nos propres vies que nous sommes fermés aux inconnus ou que nous nous sentons menacés par ceux qui pourraient avoir besoin de notre aide. À l'époque de nos arrière grands-parents (et présentement dans certains pays en émergence), les enfants étaient élevés dans un contexte de famille élargie. C'est un contraste évident avec notre société moderne dans laquelle nous déménageons souvent loin de nos parents et de nos proches, élevant nos enfants dans des familles nucléaires isolées. Avec un taux de divorce à cinquante pour cent, la famille nucléaire est souvent séparée et les enfants déplacés de gauche à droite.

Et la liste s'allonge... La plupart d'entre nous sommes séparés de nos coeurs et de nos âmes par une gamme de dépendances allant de l'alcool et des drogues au travail, à l'argent et aux biens matériels. Nous sommes submergés d'images des médias qui nous demandent d'être parfaits (ou qui nous disent que nous serons parfaits si nous achetons le « bon » article), renforçant des valeurs de consommation, de matérialisme et de gratification instantanée qui ne servent qu'à amplifier le vide que plusieurs ressentent dans leur vie. Même certains systèmes de santé, comme celui des États-Unis, sont maintenant exclusivement axés sur les profits et les organisations privées de soins intégrés de santé coupent les avantages, les tests permis, les traitement de nature psychologique et d'autres services afin de protéger les intérêts de leurs actionnaires. Toutes ces tendances augmentent notre sentiment d'insécurité, d'aliénation et de futilité. Ajoutez à cela la menace constante d'attaques terroristes non provoquées et le portrait est complet. Nous vivons tout simplement dans une époque anxieuse. Pas surprenant que l'anxiété devienne de plus en plus présente.

Un ancien proverbe affirme qu'il est préférable d'allumer une chandelle plutôt que d'affronter l'obscurité. Puisque la société et les médias ne proposent que peu de réconfort, chacun de nous doit se demander ce qu'il peut faire pour lui-même. Plusieurs recherchent des solutions, des moyens simples de rendre leurs vies plus paisibles et vivables. Ce livre s'efforce de fournir une aide en ce sens. Notre objectif est de vous proposer une vaste gamme d'outils simples qui vous aideront à éprouver un plus grand calme et plus de stabilité dans une époque complexe, voire chaotique. En trouvant des façons de soulager l'anxiété et de créer des moments de paix dans votre vie, non seulement vous sentirez-vous mieux, mais vous deviendrez également un modèle pour les gens qui vous entourent.

Introduction

Ce livre aborde les façons de maîtriser l'anxiété. L'anxiété est une expérience familière à presque tout le monde et elle semble prévaloir de plus en plus en raison des nombreux stress et complexités de la vie moderne. Environ vingt-cinq pour cent de la population adulte des États-Unis sera tôt ou tard confrontée à un problème sérieux d'anxiété.

Des stratégies pratiques vous sont proposées ici pour vous aider à mieux maîtriser l'anxiété, sous toutes ses formes. Avant d'aborder ces stratégies, expliquons un peu plus en détails en quoi consiste l'anxiété. L'anxiété se présente sous plusieurs formes et degrés d'intensité. Comprendre de quel type ainsi que la gravité de votre problème personnel d'anxiété dont il s'agit (par exemple, une anxiété quotidienne par rapport à un trouble anxieux particulier) vous aidera à vous faire une meilleure idée du problème auquel vous faites face. De plus, il est utile de connaître les différentes causes de l'anxiété. Comprendre d'où proviennent vos problèmes d'anxiété, et plus particulièrement les causes qui en sont responsables, vous donnera certains points de référence qui vous permettront de déterminer quelle stratégie peut vous aider parmi celles proposées dans ce livre.

Différents types d'anxiété

Il est plus facile de comprendre la nature de l'anxiété lorsqu'on départage ce qu'elle est et ce qu'elle n'est pas. Par exemple, l'anxiété se distingue de la peur de bien des façons.

Lorsque vous avez peur, cette peur est normalement orientée vers certains objets ou situations concrets et externes situés dans le moment présent. Vous pouvez avoir peur de rater un échéancier, d'échouer un examen, ou d'être rejeté par une personne à laquelle vous souhaitez plaire. Lorsque vous souffrez d'anxiété, par contre, vous ne pouvez souvent dire pour quelle raison vous êtes anxieux. Plutôt que d'avoir peur d'un objet ou d'une situation spécifique, vous imaginez des dangers qui ne se situent pas dans le présent et qui sont peu probables. Vous pouvez être anxieux à propos de l'avenir, à propos de votre sécurité globale, ou pour aller de l'avant vers l'inconnu. Vous pouvez aussi être anxieux de perdre le contrôle d'une situation. Ou vous pouvez ressentir une certaine anxiété à propos d'un résultat négatif en lien avec un défi précis.

L'anxiété affecte votre être entier. C'est une réaction à la fois physiologique, comportementale et psychologique. Au niveau physiologique, l'anxiété peut inclure des réactions du corps telles un rythme cardiaque rapide, une tension musculaire, des malaises, la bouche sèche ou la transpiration. D'un point de vue comportemental, elle peut paralyser votre capacité d'agir, de vous exprimer ou de faire face à certaines situations du quotidien. Au niveau phychologique, l'anxiété est un état subjectif d'appréhension et de malaise. Dans sa forme la plus extrême, elle peut vous faire sentir comme si vous vous détachiez de vous-même et même vous rendre craintif de la mort, ou avoir peur de devenir fou.

Le fait que l'anxiété vous affecte autant au point de vue physiologique, comportemental que psychologique a des conséquences importants sur vos tentatives d'y faire face. Un programme complet de prise en charge de l'anxiété doit comprendre les trois éléments. Vous devez apprendre comment réduire la réactivité physiologique, éliminer le comportement d'évitement et modifier la verbalisation intérieure qui perpétue l'état d'appréhension et d'inquiétude.

L'anxiété peut apparaître sous différentes formes et degrés d'intensité. Elle peut varier en gravité, allant d'un bref inconfort à une crise de panique en bonne et due forme, caractérisée par des palpitations cardiaques, des tremblements, de la transpiration, des étourdissements, de la désorientation et de la terreur. L'anxiété qui n'est pas liée à une situation en particulier, qui survient sans prévenir, est appelée « anxiété ou angoisse flottante » ou, dans des cas plus graves, « crise de panique » spontanée.

Si votre anxiété survient exclusivement en réaction à une situation particulière, il s'agit d'une « angoisse reliée à une situation » ou « angoisse phobique ». L'angoisse reliée à une situation est différente des inquiétudes quotidiennes puisqu'elle a tendance à être disproportionnée ou irréaliste. Si vous ressentez une appréhension disproportionnée par rapport à la conduite sur l'autoroute, à une visite chez le médecin ou à la socialisation, ce peut être une angoisse reliée à une situation. *L'angoisse reliée à une situation* devient *phobique* lorsque vous commencez à éviter la situation en question : si vous cessez de conduire sur les autoroutes, d'aller chez le médecin ou de socialiser. En d'autres mots, l'angoisse phobique est une angoisse reliée à une condition qui comprend l'évitement chronique d'une situation.

Souvent, l'angoisse peut naître d'une simple pensée à propos d'une situation particulière. Lorsque vous ressentez une certaine détresse à la seule idée de devoir faire face à une situation difficile ou même phobique, vous éprouvez ce que l'on appelle l'« angoisse d'anticipation ». Dans ses formes les plus légères, l'angoisse d'anticipation est difficile à distinguer de l'inquiétude ordinaire. L'inquiétude peut se définir par l'anticipation des conséquences déplaisantes qui ont rapport avec une situation future. Mais parfois, l'angoisse d'anticipation devient suffisamment intense pour être qualifiée de « crise d'anticipation ».

Il existe une différence digne de mention entre l'angoisse (ou crise) spontanée et l'angoisse (ou crise) d'anticipation. L'angoisse spontanée a tendance à survenir sans prévenir, à atteindre un niveau élevé très rapidement pour ensuite s'estomper progressivement. Le paroxysme est normalement atteint en cinq minutes et il est suivi d'une période d'estompage progressif pouvant durer jusqu'à une heure ou plus. L'angoisse d'anticipation, de son côté, tend à se développer plus progressivement en réaction à une rencontre ou tout simplement à la pensée d'une situation menaçante et peut durer plus longtemps. Vous pouvez vous inquiéter au point de vous mettre dans tous vos états à propos de quelque chose pendant une heure ou plus, pour ensuite oublier progressivement votre inquiétude ou trouver quelque chose qui occupera votre esprit.

Angoisse versus troubles anxieux

L'angoisse est une réalité de la vie dans une société contemporaine. Il est important de réaliser qu'il existe plusieurs situations du quotidien au cours desquelles il est approprié et raisonnable d'éprouver une certaine angoisse. Si vous ne ressentiez aucune angoisse face aux défis du quotidien impliquant des pertes ou des échecs potentiels, il y aurait un problème. Ce livre sera utile à toute personne vivant des réactions d'angoisse normale et ordinaire : à tout le monde quoi ! ainsi qu'à toute personne souffrant de troubles anxieux précis. Vous pouvez contribuer à éliminer l'anxiété de votre vie, peu importe la nature et la gravité de l'anxiété à laquelle vous faites face, en intégrant l'exercice, la relaxation et de bonnes habitudes alimentaires dans votre quotidien ainsi qu'en portant attention à la verbalisation intérieure et aux fausses croyances de même qu'en prenant soin de vous-même et en simplifiant votre mode de vie.

Sept importants troubles anxieux

Les troubles anxieux se distinguent de l'anxiété normale du quotidien, puisqu'ils impliquent une anxiété plus intense (par exemple, des crises de panique), qui dure plus longtemps (anxiété qui peut persister pendant plusieurs mois au lieu de disparaître une fois la situation stressante disparue), ou mener à des phobies qui interfèrent avec votre vie. Les troubles suivants sont reconnus par les professionnels de la santé mentale comme étant des troubles anxieux spécifiques.

Trouble panique

Le trouble panique est caractérisé par des épisodes soudains d'anxiété aiguë et intense qui apparaissent spontanément. Vous ressentez une telle panique une fois par mois et vous craignez de vivre d'autres crises semblables de temps à autre. Souvent, les crises de panique s'accompagnent de peurs irrationnelles comme la peur de l'infarctus, d'une maladie soudaine ou de devenir fou. Pour la personne qui la vit, la panique peut être terrifiante.

Agoraphobie

L'agoraphobie est caractérisée par une peur des crises de panique dans des situations perçues comme étant insécurisantes ou se déroulant dans un lieu non familier (contrairement à la maison, par exemple), ou desquelles il est difficile d'échapper (comme la conduite sur l'autoroute ou une file d'attente à l'épicerie). Une telle peur peut mener à l'évitement d'une vaste gamme de situations.

Phobie sociale

La phobie sociale est une peur exagérée de la gêne ou de l'humiliation dans des situations au cours desquelles vous pouvez être exposé à un examen attentif de la part des autres ou vous devez performer. Elle est souvent accompagnée d'un évitement total ou partiel de la situation. Vous avez peut-être peur d'assister à des réunions professionnelles, de parler devant la classe, d'aller à des fêtes ou à d'autres types d'événements sociaux, de rencontrer de nouvelles personnes ou même d'utiliser les toilettes publiques. La peur peut prendre plusieurs formes.

Phobie spécifique

La phobie spécifique est caractérisée par une forte peur d'un objet ou d'une situation en particulier et de son évitement (par exemple, les araignées, l'eau, les orages, les ascenseurs ou les hauteurs).

Trouble anxieux généralisé

Le trouble anxieux généralisé implique une anxiété et une inquiétude chroniques. Il dure au moins six mois et est reliée à deux activités ou problèmes ou plus (par exemple, le travail ou la santé). Les symptômes physiologiques comme la tension musculaire et l'accélération du rythme cardiaque sont communs. Ce ne sont pas des indicateurs d'une crise de panique ou de phobie.

Trouble obsessionnel-compulsif

Le trouble obsessionnel-compulsif est caractérisé par des obsessions récurrentes (pensées répétitives) dont vous ne pouvez vous débarrasser ou des compulsions (rituels employés pour bannir l'anxiété) qui sont suffisamment graves pour vous faire gaspiller votre temps ou provoquer une détresse profonde. Le lavage répétitif des mains ou les vérifications répétitives sont deux types communs de ce problème.

Trouble de stress post-traumatique

Le trouble de stress post-traumatique implique l'anxiété et d'autres symptômes tenaces (par exemple, des rappels d'images ou « flashbacks ») qui surviennent à la suite d'un traumatisme grave et intense (par exemple, une catastrophe naturelle, une agression, un viol ou un accident). Il peut également survenir après que l'individu ait été témoin d'un événement impliquant une mort ou des blessures à une autre personne.

Des critères permettant de diagnostiquer avec précision les troubles anxieux ont été établis par l'American Psychiatric Association (Association psychiatrique américaine) et sont répertoriés dans un manuel de diagnostic bien connu qu'utilisent les professionnels en santé mentale appelé DSM-IV (Manuel diagnostique et statistique des troubles mentaux). Pour obtenir une description plus détaillée de chaque trouble anxieux, ainsi que des lignes directrices spécifiques à leur traitement, consultez le chapitre 1 de *Échelle d'évaluation de l'anxiété et des phobies* (Bourne 2000).

Causes de l'anxiété

Les symptômes de l'anxiété semblent souvent irrationnels et inexplicables. Il est donc naturel de soulever la question : pourquoi ?

Avant de prendre en compte de façon détaillée les différentes causes de l'anxiété, vous devez avoir en tête deux notions générales. Premièrement, même si le fait de connaître les causes de l'anxiété peut vous aider à comprendre comment les problèmes d'anxiété se développent, une telle connaissance n'est pas essentielle pour surmonter votre propre difficulté. Les différentes stratégies permettant de faire face à l'anxiété, et qui sont présentées dans ce livre (la relaxation, la pensée réaliste, la désensibilisation, l'exercice, l'alimentation, prendre soin de soi), ne dépendent pas d'une connaissance des causes sous-jacentes pour fonctionner. Peu importe ce que vous connaissez sur ses causes, cette connaissance n'est pas nécessairement un remède. Deuxièmement, soyez prudent quant à l'existence d'une cause principale probable, ou d'un type de cause, à l'anxiété quotidienne ou aux troubles anxieux. Qu'il s'agisse d'anxiété ordinaire, d'une appréhension liée à une entrevue d'emploi, d'un trouble panique ou obsessionnel-compulsif, prenez en compte qu'il n'existe pas de cause unique qui, si elle est éliminée, fait disparaître le problème. Les troubles liés à l'anxiété naissent d'une variété de causes qui agissent à différents niveaux. Ces niveaux comprennent l'hérédité, la physiologie,

l'éducation et les antécédents familiaux, le conditionnement, les changements de vie récents, le système de verbalisation intérieur et de croyances personnelles, la capacité
à exprimer les sentiments, les facteurs de stress actuels,
etc.

Certains spécialistes dans le domaine des troubles anxieux
proposent des théories à cause unique. De telles théories
tendent à simplifier exagérément les troubles anxieux et
sont susceptibles de créer un des deux courants de pensée
erronés : l'erreur biologique et l'erreur psychologique.

L'erreur biologique considère qu'un type particulier de
troubles anxieux est causé exclusivement par certains déséquilibres physiologiques ou psychologiques du cerveau ou
du corps. Par exemple, une tendance à réduire la causalité
du trouble panique, ainsi que du trouble obsessionnel-
compulsif, à un niveau strictement physiologique – un certain type de déséquilibre dans le cerveau – a été récemment
constatée. Il est utile de savoir que des dysfonctions du cerveau peuvent être impliquées dans l'anxiété, en particulier
dans les troubles anxieux. Ceci a certainement des conséquences sur le traitement des problèmes. Mais cela ne
signifie pas que l'anxiété et les troubles anxieux ne sont
que des perturbations physiologiques pour autant. La
question demeure : qu'est-ce qui a causé la perturbation
psychologique en soi ? Peut-être que le stress chronique
causé par les conflits psychologiques ou la colère refoulée
provoque des déséquilibres dans le cerveau qui engendrent
des difficultés comme des crises de panique ou des troubles
anxieux généralisés. Les conflits psychologiques et la colère refoulée peuvent, à leur tour, avoir été causés en
grande partie par l'éducation d'une personne. Parce que
toute perturbation particulière du cerveau peut avoir été

déclenchée, à l'origine, par le stress ou d'autres facteurs psychologiques, il est faux de considérer que l'anxiété et les troubles anxieux sont exclusivement, ou même principalement, causés par des déséquilibres psychologiques.

La thèse psychologique fait le même genre d'erreur, mais dans le sens opposé. Elle considère, par exemple, que la phobie sociale ou le trouble anxieux généralisé est provoqué par le fait d'avoir grandi avec des parents qui vous ont négligé, abandonné ou qui ont abusé de vous. Ceci créerait chez l'adulte un sentiment d'insécurité bien ancré qui causerait des évitements phobiques ou de l'anxiété. Même s'il peut s'avérer que vos antécédents familiaux contribuent de façon importante à vos problèmes actuels, est-il raisonnable de considérer qu'ils en sont la seule cause ? Pas vraiment, bien sûr. Ce serait ignorer les contributions potentielles des facteurs héréditaires et physiologiques. Après tout, ce ne sont pas tous les enfants qui grandissent dans des familles dysfonctionnelles qui développement des troubles anxieux. Et les enfants qui grandissent avec de bons parents peuvent quand même développer des problèmes d'anxiété. Plusieurs problèmes liés à l'anxiété, en particulier les problèmes plus graves liés aux troubles anxieux, sont le résultat d'une prédisposition héréditaire à l'anxiété et des conditions durant l'enfance qui ont favorisé un sentiment de honte ou d'insécurité. Les problèmes d'anxiété sont aussi susceptibles d'être liés à une gamme de facteurs relatifs au mode de vie ainsi qu'aux stress récemment vécus.

En d'autres mots, l'idée selon laquelle vos problèmes particuliers ne sont qu'un déséquilibre du cerveau ou uniquement une perturbation psychologique néglige le fait que la nature et l'éducation soient interactifs. Alors que les déséquilibres du cerveau peuvent certainement être déclenchés par l'hérédité, ils peuvent également être le résultat de facteurs de stress ou psychologiques. Les problèmes psychologiques, de leur côté, peuvent être influencés par des prédispositions biologiques congénitales. Il n'existe tout simplement aucun moyen de déterminer lequel des deux est survenu en premier, ou quelle est la cause « première ». Dans le même ordre d'idées, une approche globale pour surmonter l'anxiété, la panique, l'inquiétude ou les phobies ne peut se limiter au traitement psychologique de causes isolées. Une gamme de stratégies qui traitent différents facteurs – y compris les facteurs biologiques, comportementaux, émotionnels, mentaux, interpersonnels et même spirituels – sont nécessaires.

C'est de cette approche multidimensionnelle pour surmonter l'anxiété dont il est question dans ce livre.

Les causes des problèmes d'anxiété varient non seulement en fonction du niveau auquel ils surviennent, mais aussi selon la période de temps au cours de laquelle ils sont présents. Voici quelques causes typiques qui peuvent apparaître à différents moments de la vie.

Causes favorisantes à long terme

Ce sont les conditions qui vous prédisposent depuis la naissance ou l'enfance à développer éventuellement des problèmes d'anxiété. Parmi ces conditions, nommons l'hérédité, les parents dysfonctionnels, les traumatismes ou les abus précoces (par exemple, la négligence des parents, le rejet, les critiques ou les punitions abusives, l'alcoolisme ou les abus physiques ou sexuels).

Causes circonstancielles récentes

Ce sont des événements qui déclenchent la venue, disons, de crises de panique ou d'agoraphobie. Ils relèvent d'un niveau de stress élevé qui est apparu dans le cours du dernier ou des deux derniers mois (ou d'une accumulation de stress sur une longue période de temps), d'une perte importante, d'un changement de vie significatif (déménagement, nouveau travail, mariage), d'une maladie ou de l'usage récréatif de drogues (en particulier de la cocaïne, des amphétamines ou de la marijuana).

Causes qui entretiennent l'anxiété

Ce sont des facteurs inhérents à votre comportement, attitude et mode de vie qui entretiennent l'anxiété une fois qu'elle s'est développée. Les causes de maintien sont multiples et comprennent la tension musculaire ; la verbalisation intérieure négative (se dire continuellement « mais si... ») ; des croyances erronées par rapport à soi, aux autres ou à la vie en général ; un évitement continu des situations qui font peur ; un manque de mouvement et d'exercice ; consommation de caféine, de sucre et de malbouffe ; un manque de capacité à prendre soin de soi-même ; un mode de vie et un environnement extrêmement complexes ; tenir un discours défaitiste ; une faible confiance ou estime de soi (se sentir comme une victime plutôt qu'en contrôle de l'anxiété).

Causes neurobiologiques

Ce sont des conditions du cerveau qui affectent immédiatement le déroulement et l'intensité de l'épisode actuel d'anxiété. Elles comprennent :

- Les déficiences ou déséquilibres de certains neuro-transmetteurs, en particulier de la sérotonine, de la noradrénaline et de l'acide 4-aminobutanoïque ;

- La réactivité excessive de certaines structures céré-brales, en particulier de l'amygdale et du locus cœruleus ;

- L'inhibition insuffisante ou freinage d'une réactivi-té excessive par des centres supérieurs du cerveau tel le cortex frontal ou temporal.

Consultez le chapitre 2 de *Échelle d'évaluation de l'anxiété et des phobies* (Bourne 2000) pour obtenir une descrip-tion détaillée des déséquilibres du cerveau qui influencent l'anxiété.

Combattre les causes qui entretiennent l'anxiété

Ce livre traite principalement du troisième groupe de cau-ses, les causes qui entretiennent l'anxiété. Toutes les cau-ses mentionnées ci-dessus, ainsi que d'autres, seront prises en compte. Ce que vous apprendrez grâce à ce livre trai-tera également des causes neurobiologiques (l'esprit, le comportement et le cerveau sont tous interactifs), mais plus indirectement. Les facteurs favorisants à long terme sont les plus difficiles à changer. Ne pouvant procéder à une ingénierie génétique et à une modification directe de votre structure d'ADN (une possibilité dans l'avenir), vous ne pouvez modifier vos gênes. Par contre, vous pou-vez assurément modifier la façon dont vous réagissez et traitez avec vos prédispositions génétiques. Ce livre vous aidera en ce sens. En ce qui concerne le parentage dys-fonctionnel, vous ne pouvez changer ce qui s'est produit lorsque vous étiez enfant. Mais vous pouvez en apprendre plus sur le sujet et travailler les effets d'une enfance traumatique ou abusive en lisant des livres sur le sujet (consultez la section Ressources) et, en particulier, en suivant une thérapie avec un psychothérapeute qualifié.

Vous avez déjà été confrontées aux causes circonstancielles récentes de vos problèmes d'anxiété. Toutefois, les stratégies contenues dans ce livre vous aideront à mieux faire face aux stress récents et à long terme auxquels vous avez dû faire face. Gérer le stress dans votre vie, qu'il soit passé, récent ou présent, vous aidera grandement à faire face à l'anxiété ou à l'inquiétude du quotidien ou aux troubles anxieux spécifiques.

Le rôle des médicaments

Une des interventions non traitée dans ce livre est la médication. Ce livre a pour objectif de présenter une pléiade de stratégies d'avant-garde faciles à appliquer pour vous permettre de faire face à l'anxiété et de la surmonter. Puisque l'utilisation de médicaments ne fait pas partie des techniques d'autothérapie, mais qu'elle repose plutôt sur l'expertise d'un médecin, il n'en sera pas question ici. Cependant, les médicaments sur ordonnance sont souvent utilisés pour aider les gens souffrant d'anxiété, en particulier ceux qui souffrent de troubles anxieux graves comme le trouble panique, l'agoraphobie, le trouble obsessionnel-compulsif et les troubles post-traumatiques. Parce que les médicaments sont fréquemment utilisés pour aider les gens souffrant de troubles anxieux, ils méritent une mention spéciale.

L'utilisation de médicaments demeure une question délicate pour ceux qui luttent contre l'anxiété au quotidien, mais aussi pour les professionnels qui traitent les troubles anxieux. Les généralisations à propos de l'utilisation de médicaments sont difficiles à faire. Les pour et les contre de la dépendance à la médication sont uniques et varient d'un individu à l'autre. Pour l'anxiété et l'inquiétude du quotidien, les médicaments sur ordonnance sont normalement inutiles. Les formes normales et légères d'anxiété commandent des méthodes naturelles. Plusieurs personnes considèrent pouvoir éviter les médicaments, ou éliminer ceux qu'ils prennent, en mettant sur pied un programme de bien-être complet qui comprend la simplification de leur mode de vie et de leur environnement pour réduire les stress ; de se réserver suffisamment de temps pour le repos et la relaxation ; la pratique régulière d'exercices aérobiques ; des changements positifs dans la nutrition et l'utilisation de suppléments appropriés ; des changements dans la verbalisation intérieure et dans les croyances de base (encourager une approche moins dirigée et plus détendue de la vie) ; et le soutien de la famille et des amis.

De telles approches peuvent suffire à supprimer vos symptômes d'anxiété, si ceux-ci sont légers. « Léger » signifie que votre problème n'interfère pas de façon importante avec votre capacité de travailler ou sur vos relations importantes. Et le problème ne cause pas de détresse grave ou continuelle.

Si, d'un côté, vous vivez un problème d'anxiété plus sérieux, l'utilisation appropriée de médicaments peut constituer une large part de votre traitement. Ceci est particulièrement vrai si vous faites face à un trouble panique, à l'agoraphobie, à des formes graves de phobie sociale, à un trouble obsessionnel-compulsif ou à un trouble causé par un stress post-traumatique. « Grave » signifie que votre anxiété est suffisamment perturbante pour qu'il vous soit difficile de travailler ou de fonctionner professionnellement (ou que cela a provoqué un arrêt de travail). Cela signifie également que votre anxiété cause une détresse pendant au moins cinquante pour cent du temps pendant lequel vous êtes éveillé. Ce n'est pas qu'une nuisance ou un irritant : vous êtes dépassé par les évènements.

Si vous pensez que votre problème d'anxiété se situe dans la catégorie modérée à grave, vous auriez peut-être avantage à essayer un inhibiteur spécifique du recaptage de la sérotonine comme Paxil, Zoloft, Celexa ou Luvox. D'autres médicaments comme Buspar ou Neurontin peuvent aussi vous être utiles. Le fait de ne pas essayer un médicament parce que vous êtes craintif ou philosophiquement contre peut retarder votre guérison si la situation est grave. Lorsque l'anxiété est grave et perturbatrice, il est souvent important de la soulager avec des médicaments avant qu'elle ne prenne de l'ampleur et ne devienne chronique. Par ailleurs, si votre anxiété se situe dans la catégorie légère à modérée, vous pouvez probablement la surmonter par vous-même, à l'aide des méthodes décrites dans ce livre.

Des principes directeurs plus détaillés décrivant les cas dans lesquels la médication devrait être envisagée se trouvent au chapitre 17 de *Échelle d'évaluation de l'anxiété et des phobies* (Bourne 2000). Vous pouvez aussi être référé à un psychiatre de votre région, qualifié dans le traitement des troubles anxieux en communiquant avec l'Anxiety Disorders Association of America au (240) 485-1001 ou en visitant son site Web (www.adaa.org) et en cliquant sur *Find a Therapist.*

CHAPITRE

Détendez votre corps

À la fin de ce chapitre vous saurez comment :

- Reconnaître la tension musculaire qui contribue à l'anxiété.
- Détendre progressivement ou passivement vos muscles afin de désamorcer l'anxiété lorsqu'elle frappe.
- Utiliser la relaxation par conditionnement.
- Reconnaître les types de respiration qui alimentent l'anxiété.
- Utiliser la respiration abdominale pour contrôler les symptômes d'anxiété comme l'hyperventilation et la dyspnée (essoufflement).
- Commencer à pratiquer le yoga.

C'est dans votre tête et vos bras, vos pieds, vos jambes et vos mains

L'anxiété se manifeste souvent comme un ensemble de symptômes physiques. En fait, lorsque nous demandons à des gens de décrire leur anxiété, ils commencent souvent par énumérer une liste de sensations physiques inquiétantes comme l'essoufflement, la tension musculaire, l'hyperventilation et les palpitations. De tels symptômes renforcent les pensées qui produisent l'anxiété. Essayez, pour un moment, de penser à votre anxiété comme à une affection exclusivement physique. Quels sont les symptômes de cette affection ? Comment influent-ils sur votre bien-être ? Comment réagissez-vous à ces symptômes ? Même si ceux-ci ressemblent à des réflexes automatiques indépendants de votre volonté, consolez-vous puisqu'il n'en est rien. Avec de la pratique, vous pouvez neutraliser les effets physiques de l'anxiété et vous libérer de son emprise.

Relaxation musculaire progressive

La relaxation musculaire progressive est une technique simple utilisée pour faire échec à l'anxiété en relaxant vos muscles, un groupe à la fois. Son efficacité a été reconnue il y a plusieurs décennies par Edmund Jacobson, un médecin de Chicago. En 1929, il a publié ce qui allait devenir un classique : *Progressive Relaxation* (relaxation progressive). Il y décrit sa technique de relaxation musculaire en profondeur qui, comme il l'explique, n'exige ni imagination, ni volonté ou suggestion. Sa technique s'inspire du principe que le corps réagit aux pensées inductrices d'anxiété par la tension musculaire. Cette tension musculaire produit alors davantage d'anxiété et engendre un effet de domino. Si vous éliminez la tension musculaire, vous enrayez cet effet. «Un esprit anxieux ne peut exister dans un corps détendu », a déjà affirmé le Dr Jacobson.

«Je me sens coincé!»

Si votre anxiété est fortement associée à la tension musculaire, la relaxation musculaire progressive vous sera probablement très utile. Cette tension musculaire est souvent ce qui vous pousse à affirmer que vous vous sentez « coincé » ou « tendu ». Vous ressentez peut-être un serrement chronique aux épaules et au cou, par exemple, qui peut être efficacement soulagée en pratiquant la relaxation musculaire progressive. Parmi les autres symptômes qui peuvent être enrayés grâce à la relaxation musculaire progressive il y a les maux de tête causés par la tension, les maux de dos, le serrement de la mâchoire, le serrement autour des yeux, les spasmes musculaires, l'hypertension et l'insomnie. Si vous êtes troublé par des pensées qui défilent, vous constaterez peut-être que la relaxation systématique de vos muscles tend à ralentir ce défilement. Si vous prenez des tranquillisants, vous constaterez peut-être que la pratique régulière de la relaxation musculaire progressive permet d'en réduire la consommation.

Si vous avez subi une blessure

Il n'existe aucune contre-indication à la relaxation musculaire progressive à moins que les groupes musculaires à détendre soient blessés. Si c'est le cas, consultez votre médecin avant de la pratiquer.

Technique de relaxation musculaire progressive

La relaxation musculaire progressive vise à tendre et à détendre, successivement, seize groupes musculaires différents. L'idée est de tendre fortement chaque groupe musculaire (mais pas trop puisque vous ne devez pas trop forcer) pendant environ dix secondes, puis de relâcher la tension d'un seul coup. Vous vous détendez ensuite pendant quinze à vingt secondes, en remarquant comment vous ressentez le groupe musculaire lorsqu'il est détendu par opposition à lorsqu'il est tendu, et vous passez au groupe musculaire suivant.

Voici quelques lignes directrices pour la pratique de la relaxation musculaire progressive.

Pratiquez-la au moins vingt minutes par jour. Deux périodes de vingt minutes conviennent. Une séance quotidienne de vingt minutes est essentielle pour obtenir un effet de généralisation. « Généralisation » signifie que les effets de la relaxation éprouvés pendant les séances de relaxation musculaire progressive se prolongent toute la journée ou, du moins, quelques heures, si vous la pratiquez chaque jour pendant deux ou trois semaines. Vous souhaiterez peut-être commencer avec des périodes de trente minutes. Au fur et à mesure que vous développerez des habiletés à pratiquer cette technique de relaxation, vous constaterez que le temps nécessaire pour ressentir la relaxation diminue.

Installez-vous dans un endroit calme où vous ne serez pas dérangé. C'est essentiel. Éteignez même la sonnerie du téléphone. Utilisez un ventilateur ou un climatiseur pour bloquer les bruits d'arrière-plan, au besoin.

Pratiquez à des heures régulières. Les meilleurs moments de la journée sont normalement au réveil, avant d'aller dormir ou avant les repas. Une routine de relaxation quotidienne cohérente augmentera la probabilité d'effets de généralisation.

Pratiquez lorsque vous avez l'estomac vide. La digestion a tendance à empêcher la relaxation profonde.

Adoptez une position confortable. L'ensemble de votre corps ainsi que votre tête doivent être supportés. Ceci est possible en vous étendant sur un canapé ou en vous asseyant, entre autres, sur un fauteuil inclinable. Si vous vous allongez, placez un oreiller sous vos genoux pour leur offrir un appui supplémentaire. La position assise sera préférée à la position couchée si vous êtes fatigué et que vous vous endormez. Il est avantageux de faire l'expérience de l'ensemble de la réponse de relaxation de façon consciente, avant de s'endormir.

Libérez votre corps de toute contrainte. Détachez vos vêtements s'ils sont serrés et enlevez chaussures, montre, lunettes, lentilles de contact, bijoux, etc.

Cessez de vous inquiéter de tout et de rien. Donnez-vous la permission de mettre de côté vos préoccupations de la journée. Laissez le fait de prendre soin de vous et d'avoir la tranquillité d'esprit prendre le dessus sur vos inquiétudes, quelles qu'elles soient. La relaxation réussira si vous donnez priorité à la tranquillité d'esprit dans votre échelle globale des valeurs.

Adoptez une attitude passive et détachée. C'est probablement l'élément le plus important. Il faut que vous soyez capable de laisser-aller et que vous ne vous inquiétiez pas de la façon dont se déroulera la pratique : n'essayez pas de relaxer ou de contrôler votre corps. Et ne jugez pas votre performance. L'idée est de se laisser aller.

Tendez les muscles, ne forcez pas. Lorsque vous tendez un groupe musculaire en particulier, faites-le vigoureusement, sans forcer, pendant sept à dix secondes. Vous pouvez compter mille un, mille deux, etc., pour marquer les secondes.

Concentrez-vous sur ce qui se produit. Sentez la tension qui se crée dans chaque groupe musculaire. Il est souvent utile de visualiser le groupe musculaire tendu.

Laissez aller. Lorsque vous vous détendez un groupe musculaire en particulier, faites-le tout d'un coup, puis détendez-vous, en appréciant cet état de mollesse soudaine. Laissez l'état de relaxation s'installer pendant environ quinze à vingt secondes avant de passer au groupe musculaire suivant.

Essayez de répéter une formule relaxante. Vous pouvez vous dire : « Je me détends », « Laisse aller », « Laisse échapper la tension », ou une autre formule relaxante pendant chaque période de relaxation, entre chaque phase de tension et détente d'un groupe musculaire.

Concentrez-vous sur vos muscles. Vous devez demeurer concentré sur vos muscles tout au long de l'exercice. Lorsque votre attention s'égare, concentrez-la à nouveau sur le groupe musculaire sur lequel vous travaillez.

Exercice : relaxation musculaire progressive

Lorsque vous êtes installé confortablement avec un support, dans un endroit tranquille, suivez les étapes suivantes :

1. Pour commencer, prenez trois grandes respirations abdominales, en expirant lentement chaque fois. En expirant, imaginez la tension qui commence à quitter votre corps.

2. Serrez les poings. Maintenez cette position pendant sept à dix secondes puis relâchez pendant quinze à vingt secondes. Utilisez les mêmes intervalles pour tous les autres groupes musculaires.

3. Serrez vos biceps en amenant vos avant-bras vers vos épaules et en serrant les muscles des deux bras. Maintenez la position, puis relâchez.

4. Serrez vos triceps – les muscles situés sous les bras – en tenant vos bras bien droits et en bloquant vos coudes. Maintenez la position, puis relâchez.

5. Tendez les muscles de votre front en levant les sourcils aussi haut que possible. Maintenez la position, puis relâchez. Imaginez que les muscles de votre front deviennent souples et mous en se détendant.

6. Tendez les muscles autour de vos yeux en fermant bien les paupières. Maintenez la position, puis relâchez. Imaginez la sensation d'une relaxation profonde qui se répand autour de vos yeux.

7. Tendez vos mâchoires en ouvrant la bouche assez grand pour étirer les muscles de l'articulation de la mâchoire. Maintenez la position, puis relâchez. Laissez vos lèvres se séparer et votre mâchoire tomber.

8. Serrez les muscles à l'arrière du cou en tirant votre tête complètement vers l'arrière, comme si vous souhaitiez touchez votre dos avec la tête (soyez délicat

avec ce groupe musculaire pour éviter les blessu-res). Concentrez-vous seulement sur la tension des muscles du cou. Maintenez la position, puis relâ-chez. Puisque cette région est souvent tendue, il est bon de répéter deux fois la séquence tension et détente.

9. Prenez quelques respirations profondes et concen-trez-vous sur le poids de votre tête qui s'enfonce dans la surface contre laquelle elle est appuyée.

10. Serrez les épaules en les soulevant comme si vous souhaitiez toucher vos oreilles. Maintenez la po-sition, puis relâchez.

11. Serrez les muscles autour des omoplates en les poussant vers l'arrière comme si vous vouliez qu'elles se touchent. Maintenez la tension, puis relâchez. Puisque cette région est souvent particu-lièrement tendue, il est bon de répéter deux fois cette séquence tension et détente.

12. Serrez les muscles de votre thorax en prenant une grande respiration. Retenez votre souffle pendant dix secondes puis expirez lentement. Imaginez que le surplus de tension dans votre thorax s'éli-mine grâce à l'expiration.

13. Serrez les muscles de votre estomac en rentrant votre ventre. Maintenez cette position, puis relâ-chez. Imaginez une vague de relaxation qui se répand dans votre abdomen.

14. Contractez le bas du dos en vous cambrant (vous pouvez omettre cet exercice si vous éprouvez des douleurs au bas du dos). Maintenez la position, puis relâchez.

15. Contractez les fesses en les serrant l'une contre l'autre. Maintenez la position, puis relâchez. Imaginez les muscles de vos hanches qui se détendent et s'amollissent.

16. Contractez les muscles de vos cuisses jusqu'aux genoux. Vous devrez probablement contracter au niveau des hanches également puisque les muscles des cuisses sont attachés au bassin. Maintenez la position, puis relâchez. Ressentez vos muscles des cuisses qui se desserrent et se détendent complètement.

17. Contractez les muscles de vos mollets en étirant vos orteils vers le haut et vers vous (fléchissez délicatement pour éviter les crampes). Maintenez la position, puis relâchez.

18. Contractez les pieds en repliant vos orteils vers le bas. Maintenez la position, puis relâchez.

19. Scrutez mentalement votre corps à la recherche de toute tension résiduelle. Si une région semble toujours tendue, répétez une ou deux séquences de tension et détente avec ce groupe musculaire.

20. Imaginez maintenant la vague de relaxation qui envahit doucement votre corps, en commençant à la tête et en pénétrant progressivement chaque groupe musculaire, jusqu'à vos orteils.

La séquence complète de relaxation musculaire progressive devrait vous prendre de vingt à trente minutes la première fois.

Avec la pratique, vous pourrez réduire la durée entre quinze et vingt minutes. Vous pouvez enregistrer le déroulement des exercices sur une cassette audio dans le but d'accélérer vos premières séances. Vous pouvez aussi acheter un enregistrement professionnel des exercices de relaxation musculaire progressive. Certaines personnes préfèrent utiliser une cassette alors que d'autres connaissent si bien les exercices après quelques semaines qu'ils préfèrent les exécuter de mémoire.

Relaxation musculaire passive

La relaxation musculaire passive est une alternative à la relaxation musculaire progressive qui n'exige pas de tendre et de relâcher activement les muscles. La relaxation musculaire progressive est tout indiquée pour les tensions physiques, mais la relaxation musculaire passive fonctionne aussi très bien.

Exercice : relaxation musculaire passive

Pour commencer, prenez deux ou trois grandes respirations... et asseyez-vous, détendu, dans un fauteuil, sur un lit ou tout autre meuble confortable. Prenez ce temps pour vous, en mettant de côté toutes les inquiétudes et les préoccupations de la journée et en vous réservant cette période, en laissant chaque partie de votre corps se détendre, en commençant par les pieds. Imaginez vos pieds qui lâchent prise et qui se détendent : débarrassez-vous de tout surplus de tension dans vos pieds. Imaginez que cette tension s'élimine et que vos pieds se détendent. Une détente qui progresse jusqu'à vos mollets. Permettez aux muscles de vos mollets de se relâcher, de relaxer et de lâcher prise. Laissez la tension que vous ressentez s'estomper graduellement et, au fur et à mesure que vos mollets se détendent, transférez cette sensation de relaxation jusqu'à vos cuisses. Laissez les muscles de vos cuisses se relâcher, se ramollir et se détendre complètement.

Vous commencez peut-être à sentir que vos jambes, de la taille jusqu'aux pieds, sont plus détendues, qu'elles deviennent plus lourdes au fur et à mesure qu'elles se détendent. Laissez cet état de relaxation envahir vos hanches en ressentant le surplus de tension logé dans vos hanches disparaître. Vous pouvez maintenant appliquer cette relaxation à la région de votre abdomen en y éliminant toute tension ou inconfort. Éliminez-les dès maintenant en imaginant cette profonde sensation de relaxation qui se répand dans la région de votre abdomen, et ce, jusqu'à votre thorax. Tous les muscles de votre thorax peuvent se relâcher et se détendre. Chaque fois que vous expirez, vous pouvez vous imaginer expirant les tensions de votre thorax jusqu'à ce qu'il soit complètement détendu. Il vous est alors plus facile de ressentir la relaxation qui s'intensifie et qui s'installe dans votre thorax, votre abdomen et vos jambes. Ensuite, vous pouvez transférer cet état de relaxation vers les épaules en laissant cette profonde sensation de calme et de détente envahir les muscles de vos épaules, en laissant vos épaules tomber et en leur permettant de se détendre complètement. Des épaules, la détente se déplace maintenant vers vos bras, jusqu'aux coudes et aux avant-bras, et finalement jusque dans vos poignets et vos mains. Vos bras se détendent et vous en ressentez les bienfaits. Vous laissez de côté les inquiétudes, les pensées déplaisantes et désagréables, vous vivez entièrement dans le moment présent et vous êtes de plus en plus détendu. La détente progresse jusqu'à votre cou. Les muscles de votre cou se relâchent, s'amollissent et se détendent complètement.

Imaginez les muscles de votre cou qui se desserrent comme un noeud qu'on détache. Rapidement, la détente envahit votre menton et vos mâchoires, leur permettant de se détendre, laissant vos mâchoires se relâcher et, au fur et à mesure qu'elles se détendent, vous imaginer cette détente envahir la région qui entoure vos yeux. Toute tension autour de vos yeux peut se dissiper et disparaître puisque vos yeux se détendent complètement. La fatigue oculaire se dissout maintenant et vos yeux peuvent se détendre. Votre front se détend également. Les muscles de votre front s'amollissent et se détendent complètement. Remarquez le poids de votre tête sur la surface où elle est appuyée et laissez-la relaxer entièrement. Profitez de ce sentiment de détente complète, abandonnez-vous à la paix et à la tranquillité en étant davantage en contact avec votre for intérieur, empreint de calme et de sérénité.

Relaxation sans tension

Plus vous pratiquez la relaxation musculaire progressive, plus vous serez apte à reconnaître et à libérer les tensions dans vos muscles. En fait, vous risquez de devenir tellement conscient de ce qui se produit dans votre corps que vous n'aurez plus besoin de contracter délibérément chaque muscle avant de le détendre. Scrutez plutôt votre corps pour y repérer des tensions en portant votre attention sur cette séquence de quatre groupes musculaires: bras, tête et cou, épaules et torse, jambes. Si vous découvrez un serrement, laissez-le aller, comme vous l'avez fait après chaque contraction dans l'exercice de relaxation musculaire progressive. Soyez concentré et ressentez bien chaque sensation. Travaillez avec chacun des quatre groupes musculaires jusqu'à ce que les muscles soient complètement détendus. Si vous arrivez à une région qui est tendue et qui ne semble pas vouloir se détendre, contractez ce muscle ou ce groupe musculaire puis relâchez la tension. La relaxation sans tension est aussi un bon moyen pour détendre les muscles endoloris que vous ne souhaitez pas trop tendre.

Relaxation par conditionnement

La relaxation par conditionnement consiste à apprendre à détendre vos muscles au besoin en combinant la suggestion verbale et la respiration abdominale. Adoptez d'abord une position confortable puis relâchez autant de tension que possible en utilisant la méthode de relaxation sans tension. Concentrez-vous sur votre ventre qui se soulève et s'abaisse avec chaque respiration. Respirez lentement et régulièrement. Avec chaque respiration, laissez-vous aller de plus en plus à la détente. Maintenant, lorsque vous inspirez, dites-vous le mot « inspirer », et lorsque vous expirez, le mot « détendre ». Continuez de vous répéter « inspirer... détendre, inspirer... détendre » pendant que vous éliminez les tensions de votre corps. Poursuivez pendant cinq minutes, en répétant ces mots clés lors de chaque respiration.

La méthode par conditionnement apprend à votre corps à associer le mot « détendre » avec le sentiment de relaxation. Après avoir pratiqué cette technique pendant un certain temps et développé l'association, vous pourrez détendre vos muscles en tout temps, n'importe ou, tout simplement en répétant « inspirer... détendre » et en libérant de tout sentiment d'oppression. La relaxation par conditionnement peut vous libérer du stress en moins d'une minute.

Respiration abdominale

La plupart d'entre nous ne pensons pas à notre façon de respirer et jusqu'à quel point elle reflète et contribue à notre état émotif. Notre façon de respirer reflète directement le niveau de tension de notre corps et peut aggraver ou diminuer nos symptômes d'anxiété. Si vous êtes comme plusieurs personnes souffrant d'anxiété, vous éprouvez un ou plusieurs des problèmes de respiration suivants:

- Respiration qui se fait trop haut dans la poitrine et qui par conséquent est trop légère;

- Respiration rapide, ou hyperventilation, qui incorpore une trop grande quantité de dioxyde de carbone dans le sang par rapport à l'oxygène.

Votre respiration est-elle lente ou rapide? Profonde ou légère? Est-elle concentrée en un point très élevé de votre poitrine ou trop bas de l'abdomen? Vous remarquez peut être une différence dans votre façon de respirer selon que vous vivez un stress ou que vous êtes détendu.

Respiration thoracique versus respiration abdominale

Sous tension, votre respiration devient anormalement légère et rapide et se situe à un point élevé dans la poitrine. Ce type de respiration, lorsqu'il est rapide, peut mener à l'hyperventilation. L'hyperventilation, à son tour, peut provoquer des symptômes physiques liés à l'anxiété comme des sensations ébrieuses, des palpitations cardiaques ou des fourmillements. Lorsque vous êtes détendu, vous respirez plus profondément, au niveau de l'abdomen. Il est difficile d'être tendu et de respirer profondément simultanément. En transférant votre respiration du haut de la poitrine vers l'abdomen, vous pouvez renverser le cycle et transformer votre respiration en un outil de contrôle de l'anxiété.

La respiration abdominale déclenche une horde de réactions physiologiques qui favorisent la relaxation et diminuent l'anxiété. Vous trouverez ci-dessous quelques-uns des avantages de la respiration abdominale qui se traduisent par une plus grande relaxation et une anxiété moindre.

- Un approvisionnement accru en oxygène au niveau du cerveau et de la musculature.

- Une stimulation du système nerveux parasympathique. Cette section de votre système nerveux autonome favorise un état de calme et de quiescence. Il fonctionne de façon contraire à la section sympathique de votre système nerveux qui, elle, stimule un état d'éveil émotionnel et les réactions physiologiques sous-jacentes à la panique ou à l'anxiété.

- Une meilleure connexité entre votre esprit et votre corps. L'anxiété et l'inquiétude ont tendance à vous maintenir sur le qui-vive. Quelques minutes de respiration abdominale profonde contribueront à calmer votre corps tout entier.

- Une excrétion plus efficace des toxines. Plusieurs substances toxiques emmagasinées dans le corps sont excrétées par les poumons.

- Une concentration améliorée. Si votre esprit s'emballe, il est difficile de vous concentrer. La respiration abdominale contribue à calmer votre esprit.

• La respiration abdominale en soit peut déclencher une réaction de détente.

Les exercices présentés ci-dessous vous aideront à modifier votre façon de respirer. En les pratiquant, vous pouvez rapidement atteindre un état de relaxation profond. Seulement trois minutes de respiration abdominale ou d'exercices de respiration calmants provoqueront normalement un état de relaxation profond. Bien des gens utilisent l'une ou l'autre de ces techniques pour faire avorter une crise de panique dès les premiers symptômes. Les techniques sont aussi très utiles pour diminuer l'angoisse d'anticipation que vous pouvez éprouver d'avance face à une situation effrayante ou pour apaiser les inquiétudes du quotidien.

Exercice : respiration abdominale

1. Remarquez le niveau de tension ressenti. Placez ensuite une main sur votre abdomen, juste au-dessous votre cage thoracique.

2. Inspirez lentement et profondément par le nez; en d'autres mots, dirigez l'air inspiré aussi profondément que possible dans vos poumons. Si vous le faites correctement, la main placée sur votre abdomen devrait se soulever. Votre thorax se soulève légèrement alors que votre abdomen prend de l'expansion.

3. Lorsque vous avez pris une grande respiration, faites une pause puis expirez doucement par le nez ou par la bouche, comme vous préférez. Expirez complètement. Pendant que vous expirez, laissez tout votre corps se relâcher (vous pouvez visualiser

vos bras et vos jambes qui se détendent et pendent comme ceux d'une poupée de chiffon).

4. Effectuez dix respirations abdominales lentes mais complètes. Essayez de maintenir le rythme de votre respiration en évitant d'inspirer trop d'air ou d'expirer trop rapidement. Si vous comptez lentement jusqu'à quatre lorsque vous inspirez et que vous expirez, cela vous aidera à ralentir votre respiration. Utilisez ce compte pour ralentir votre respiration pendant quelques minutes. N'oubliez pas de faire une brève pause à la fin de chaque inspiration.

5. Lorsque votre respiration est ralentie, comptez de 20 à 1, en poursuivant le décompte avec chaque expiration. Le processus devrait ressembler à ceci : Inspirez lentement... Faites une pause... Expirez lentement (comptez 20). Inspirez lentement... Faites une pause... Expirez lentement (comptez 19). Inspirez lentement... Faites une pause... Expirez lentement (comptez 18), etc., jusqu'à un. Si vous vous sentez étourdi lorsque vous pratiquez la respiration abdominale, arrêtez pendant quinze à vingt secondes, respirez normalement puis recommencez.

6. Prolongez l'exercice si vous le souhaitez en effectuant deux ou trois séries de respirations abdominales, en n'oubliant pas de compter de 20 à 1 pour chaque série. Cinq minutes complètes de respiration abdominale auront un effet prononcé sur la réduction de l'anxiété ou sur les symptômes précoces de panique. Certaines personnes préfèrent compter de 1 à 20. Faites comme bon vous semble.

Exercice : respiration apaisante

L'exercice de respiration apaisante* a été adapté en s'inspirant de la discipline ancienne qu'est le yoga. C'est une technique très efficace pour atteindre rapidement un profond état de relaxation. Cet exercice interrompt d'ailleurs l'occurrence des symptômes d'anxiété.

1. En respirant à partir de votre abdomen, inspirez lentement par le nez en comptant jusqu'à cinq (comptez lentement : « un... deux... trois... quatre... cinq » pendant que vous inspirez).

2. Faites une pause et retenez votre souffle en comptant jusqu'à cinq.

3. Expirez lentement, par le nez ou par la bouche, en comptant jusqu'à cinq (ou plus si l'expiration est plus longue). Expirez complètement.

4. Lorsque vous avez terminé d'expirer, prenez deux respirations à votre rythme normal, puis répétez les étapes 1 à 3.

5. Répétez l'exercice pendant au moins trois à cinq minutes. Ceci devrait se traduire par au moins dix cycles de cinq inspirations, cinq retenues de souffle et cinq expirations. Au fur et à mesure que vous pratiquerez l'exercice, vous constaterez peut-être que vous êtes en mesure de compter à plus de cinq lorsque vous expirez que lorsque vous inspirez. Ne vous préoccupez pas de ces variations et faites l'exercice pendant cinq minutes. N'oubliez pas de

---

* Le nom « respiration apaisante » vient d'un exercice qui portait ce nom et qui a été élaboré par Reid Wilson dans l'ouvrage *Don't Panic : Taking Control* of *Anxiety Attacks*. Les étapes présentées ici sont très différentes de l'exercice de Wilson.

prendre deux respirations normales entre chaque séquence. Si vous commencez à ressentir des étourdissements en pratiquant cet exercice, faites une pause, respirez normalement pendant une trentaine de secondes puis recommencez. Tout au long de cet exercice, maintenez le rythme de votre respiration, sans inspirer brusquement ou expirer rapidement.

6. Facultatif : chaque fois que vous expirez, vous pouvez dire « détente », « calme », « laisser-aller » ou d'autres mots relaxants.

Laissez votre corps entier se relâcher pendant l'exercice. Si vous pratiquez toujours l'exercice en prononçant ce ou ces mots, éventuellement, le seul fait de les prononcer vous permettra de vous détendre.

La régularité compte

Pratiquez l'exercice de respiration abdominale ou de respiration apaisante pendant cinq à dix minutes, deux fois par jour, pendant au moins deux semaines. Si possible, faites l'exercice de respiration à la même heure chaque jour afin qu'il devienne une habitude. À l'aide de ces exercices, vous pouvez apprendre à renverser les réactions psychologiques sous-jacentes à l'anxiété ou à la panique.

Essayez le yoga

Le mot « yoga » signifie unir ou unifier. Par définition, le yoga cherche à promouvoir l'unité de la tête, du corps et de l'esprit. Même si en Occident le yoga est souvent considéré comme une série d'exercices d'étirement, c'est avant tout une philosophie globale de vie et un système élaboré de transformation personnelle. Ce système comprend des principes éthiques, une diète végétarienne, des étirements et postures caractéristiques, des exercices pratiques spécifiques pour diriger et contrôler la respiration, des exercices pratiques de concentration ainsi que de la méditation profonde. Les postures de yoga sont en soi un moyen très efficace d'augmenter la forme physique, la flexibilité et la relaxation. Elles peuvent être pratiquées seul ou en groupe.

Plusieurs personnes considèrent que le yoga augmente simultanément l'énergie et la vitalité tout en apaisant l'esprit. Le yoga peut être comparé à la relaxation musculaire progressive dans la mesure où il implique de maintenir le corps dans certaines positions repliées ou courbées pendant quelques moments, suivies de détente. Comme les exercices vigoureux, le yoga fait la promotion de l'intégration esprit-corps. Chaque posture de yoga est le reflet d'une attitude mentale, que cette attitude en soit une de résignation, comme dans certaines postures inclinées vers l'avant, ou de renforcement de la volonté, comme certaines autres qui impliquent une flexion vers l'arrière. Si vous êtes intéressé à apprendre le yoga, le meilleur moyen de commencer est en suivant un cours dans votre centre de conditionnement physique ou votre centre de loisirs local. Si de tels cours ne sont pas disponibles dans votre région, essayez les vidéocassettes que vous pouvez visionner à la maison. Au cours des dernières années, le yoga s'est de plus en plus imposé en tant que méthode populaire pour réduire l'anxiété et le stress. Nous vous recommandons de l'essayer.

CHAPITRE

Apaisez votre esprit

À la fin de ce chapitre vous saurez comment :

- Utiliser la visualisation guidée pour apaiser votre esprit.

- Utiliser des techniques de base de méditation pour vivre le présent plutôt que de vous inquiéter de l'avenir.

- Commencer à amasser une collection de musique relaxante.

La vitesse de la pensée

À partir du moment où nous nous réveillons jusqu'au moment où nous nous endormons, nous sommes engagés presque continuellement dans un tourbillon mental. L'anxiété peut accélérer cet état si vous avez l'impression que votre esprit court et que vous êtes bombardé de pensées. Ce chapitre présente la visualisation guidée et les techniques de méditation que vous pouvez utiliser chaque jour pour apaiser votre esprit et vous concentrer sur le présent. Si vous êtes comme bien des occidentaux, l'idée de maintenir un régime quotidien conçu pour apaiser votre esprit et accroître votre sérénité peut vous sembler loufoque. Cependant, certaines de ces techniques sont éprouvées depuis des siècles et sont maintenant pratiquées partout dans le monde. Bref, elles fonctionnent.

La maîtrise des exercices simples contenus dans ce chapitre peut se traduire par un sentiment global de tranquillité et constitue un bon moyen de défense contre l'anxiété.

Imaginez ça

Les images sont l'un des moyens qui permettent à nos pensées de prendre forme. Les images mentales que vous visualisez peuvent fortement affecter votre comportement ou votre état, et ce, indépendamment de votre volonté. Lorsque vous êtes dans les griffes de l'anxiété, vous vous imaginez peut-être dans des situations graves ou vous évoquez des scènes mentales troublantes. Vous pouvez vous sentir comme si vous teniez le rôle principal dans un film d'Alfred Hitchcock qui est diffusé sans arrêt dans votre tête. Le pouvoir de l'imagination est reconnu depuis longtemps et il est sans contredit formidable. Mais vous devriez savoir que même si elle peut devenir une source d'anxiété, l'imagination peut aussi être un outil de relaxation.

Visualisation guidée

La visualisation guidée est une méthode qui permet d'utiliser délibérément l'imagerie mentale pour modifier votre comportement, la façon dont vous vous sentez et même votre état psychologique. Vous pouvez consciemment élaborer des représentations mentales à titre de mesures préventives contre l'anxiété. Lorsque vous pratiquez la visualisation guidée, vous fermez les yeux et vous vous imaginez dans un scénario apaisant. Le nouveau rôle que vous venez d'accepter dans ce film mental pour favoriser la sérénité plutôt que le suspense peut contribuer grandement à réduire vos symptômes d'anxiété. Voyez ci-dessous deux visualisations guidées que vous pouvez utiliser pour apaiser votre esprit lorsque vous vous sentez tendu ou préoccupé, ou que vous avez l'impression que vos idées se bousculent.

Le secret de la visualisation guidée réussie est de la pratiquer lorsque vous êtes détendu. La visualisation en soi est relaxante, mais vous préférerez probablement détendre votre corps à l'aide de la respiration abdominale pendant quelques minutes avant de commencer à la pratiquer (voir chapitre 1).

Lorsque vous êtes détendu, les images que vous recevez sont plus réelles et vous êtes par conséquent susceptible d'obtenir de meilleurs résultats. Pour vous donner toutes les chances de vous détendre, il peut être utile d'enregistrer les visualisation guidées sur cassette vous-même ou de demander à une autre personne de les enregistrer pour vous (évidem-ment, vous auriez tout intérêt à choisir une personne dont la voix vous est agréable). Après avoir écouté la visualisation à quelques reprises, vous la connaîtrez peut-être suffisam-ment bien pour vous la remémorer. Mais si vous préférez, vous pouvez continuer d'utiliser la cassette.

Lignes directrices pour la pratique de la visualisation guidée

1. Adoptez une position confortable, exempte de contraintes et qui vous permet d'appuyer votre tête confortablement.

2. Veillez à ce que votre environnement soit calme et libre de distractions.

3. Donnez-vous du temps pour relaxer avant d'entre-prendre la visualisation guidée. Pour ce faire, vous pouvez utiliser la relaxation musculaire progres-sive ou la respiration abdominale pendant quel-ques minutes.

4. À la fin de votre visualisation de relaxation, remettez-vous en « mode éveil » grâce à l'énoncé suivant (que vous pouvez enregistrer à la fin de votre cassette de visualisation) :

« Dans un instant, vous vous remettrez en « mode éveil ». Portez attention pendant que je compte jusqu'à cinq. Lorsque j'arriverai à cinq, vous pourrez ouvrir les yeux et vous vous serez éveillé, alerte et rafraîchi. Un... vous commencez à vous remettre dans un état alerte, d'éveil. Deux... vous êtes de plus en plus éveillé. Trois... vous commencez à bouger les mains et les pieds

en devenant plus alerte. Quatre... vous êtes presque complètement éveillé. Cinq... vous ouvrez les yeux et êtes complètement éveillé, alerte et rafraîchi. »

5. Après votre visualisation, levez-vous et marchez un peu, jusqu'à ce que vous vous sentiez entièrement alerte et les deux pieds sur terre.

6. Laissez passer au moins dix minutes avant de conduire une voiture ou de vous engager dans toute autre activité exigeant une coordination complexe.

Exercice : une visualisation guidée de la plage

Vous descendez tranquillement un long escalier de bois qui mène à une immense et exquise plage. Elle semble presque déserte et s'étend aussi loin que vos yeux vous permettent de voir. Le sable est très fin et léger, presque blanc. Vous marchez pieds nus sur le sable et le faites couler entre vos orteils. C'est tellement agréable de marcher lentement sur cette superbe plage. Le clapotis des vagues est si apaisant que vous réussissez à tout oublier. Vous regardez les vagues qui se forment. Elles s'avancent lentement et cassent les unes après les autres puis elles disparaissent de nouveau dans l'océan. L'océan arbore une très belle teinte de bleu, une teinte qu'on n'a qu'à regarder pour se sentir apaisé. Vous observez la surface de l'océan jusqu'à l'horizon, puis vous suivez l'horizon aussi loin que possible en remarquant qu'il se courbe légèrement pour suivre la forme de la terre. Alors que vous balayez l'océan du regard, vous voyez, à plusieurs kilomètres au large, un petit voilier qui vogue à la surface. Toutes ces images vous aident à lâcher prise et à vous détendre encore davantage. Alors que vous poursuivez votre promenade sur la plage, vous remarquez l'odeur fraîche et salée de l'air marin. Vous prenez une grande respiration et expirez... Vous vous sentez encore plus rafraîchi et détendu. Au-dessus de votre tête, vous remarquez deux mouettes qui volent vers la mer. Elles sont très gracieuses alors qu'elles filent sur le vent et vous imaginez comment vous vous sentiriez si vous pouviez vous aussi voler.

Au fur et à mesure que vous marchez sur la plage, vous entrez dans un état de relaxation profond. Vous sentez la brise de la mer qui caresse doucement vos joues et la chaleur du soleil qui enveloppe votre cou et vos épaules. La sensation chaude et liquide du soleil vous détend encore davantage et vous commencez à vous sentir parfaitement bien sur cette magnifique plage. La journée est tout à fait superbe. Un peu plus loin devant vous, vous remarquez une chaise de plage qui vous semble très confortable. Lentement, vous vous en approchez et l'atteignez Vous vous asseyez et vous vous y installez. Confortablement allongé dans cette chaise, vous lâchez prise et vous vous détendez encore plus, entrant dans un état de relaxation encore plus profond. Après un court moment vous fermez les yeux et vous écoutez le bruit des vagues, le cycle ininterrompu des vagues qui se forment et qui roulent. Le son rythmé des vagues qui se brisent sur la plage vous transporte encore plus loin, dans un état de silence et de paix.

Exercice : une visualisation guidée de la forêt

Vous marchez le long d'un sentier qui s'enfonce profondément dans la forêt. Tout autour de vous il n'y a que d'immenses arbres, des pins, des sapins, des séquoias, des chênes. Vous essayez de tous les voir. Le son sourd du vent qui souffle dans les faîtes des arbres est extrêmement apaisant et vous permet de lâcher prise. Vous sentez la riche humidité du sol de la forêt, l'odeur de la terre, des jeunes plants et de l'humus. Vous jetez un coup d'œil au-delà de la voûte des arbres, jusqu'à voir le bleu pâle du ciel. Vous remarquez à quel point le soleil est haut dans le ciel. Alors qu'il pénètre le couvert forestier, il se divise en rayons qui descendent jusque sur sol de la forêt. Vous observez les multiples jeux d'ombre et de lumière qui filtrent au travers des arbres.

La forêt ressemble à une magnifique cathédrale originelle qui vous emplit d'un sentiment de paix et de révérence pour tous les êtres vivants. Au loin, vous entendez l'écho de l'eau qui coule qui se répercute dans la forêt. Le son devient de plus en plus fort au fur et à mesure que vous approchez et vous vous retrouvez soudainement au bord d'un torrent de montagne. Vous regardez le torrent et remarquez à quel point son eau est limpide et scintillante. Imaginez vous asseoir et être très confortable. Vous pouvez vous asseoir sur une roche plate, contre un arbre, ou même vous étendre sur un doux lit d'herbe. Vous voyez le torrent de la montagne former des rapides alors que l'eau dévale autour de pierres plus ou moins grosses. Ces pierres adoptent plusieurs teintes de brun, de gris et de blanc et certaines sont même couvertes de mousse. Vous voyez l'eau scintillante passer par-dessus certaines pierres et en contourner d'autres, créant des tourbillons. La musique de l'eau qui s'écoule est si apaisante que vous vous laissez bercer, vous détendant de plus en plus. Vous prenez une grande respiration d'air pur et expirez, constatant que les parfums subtiles de la forêt sont très rafraîchissants. Alors que vous vous imprégnez du lit d'herbe ou de feuilles mortes sur lequel vous êtes étendu, ou des pins odorants qui se trouvent à proximité, lâchez prise et oubliez vos tensions et vos préoccupations. Laissez de côté ce que vous voyez et sentez cette magnifique forêt vous envelopper d'un sentiment de paix profonde.

Pratiquez la méditation

Pour la plupart d'entre nous, il est difficile de nous détacher de nos pensées et de vivre tout simplement le moment présent. Même lorsque nous mettons nos sens en veilleuse et que nous nous endormons le soir, nous percevons généralement un certain nombre de vagues souvenirs, fantaisies, pensées, et sentiments qui ont rapport à la journée qui vient de se terminer ou à celle qui la suivra. La méditation est un des processus qui vous permettra de vous arrêter complètement, de lâcher prise par rapport au passé ou au futur immédiat et de simplement vous concentrer sur ce qui se passe ici et maintenant. La méditation a également des effets relaxants indéniables. En 1968, le Dr Herbert Benson et ses collègues de l'école de médecine d'Harvard ont mesuré les réactions physiologiques d'un groupe de praticiens de la méditation transcendantale (Benson 1974). Ils ont observé que :

- Le rythme cardiaque et de la respiration ralentissaient;

- La consommation d'oxygène diminuait de vingt pour cent;

- Les niveaux de lactate diminuaient dans le sang (ils ont tendance à augmenter avec le stress et la fatigue);

- La résistance de la peau au courant électrique, un signe de relaxation, quadruplait;

- Les mesures d'électro-encéphalogramme (EEG) des modèles d'ondes cérébrales du cerveau indiquaient une activité alpha accrue, autre signe de relaxation.

La pratique de la méditation est observée depuis au moins cinq mille ans. Traditionnellement, les buts et les avantages de la médication étaient de nature spirituelle : ne faire qu'un avec Dieu, atteindre l'illumination, atteindre un état de désintéressement. Même si bien des gens pratiquent toujours la méditation pour des raisons spirituelles, de nombreux autres la pratiquent à l'écart des cadres spirituels, aussi bien pour leur croissance personnelle que pour la relaxation.

Lignes directrices pour la pratique de la méditation

Trouvez un endroit calme. Faites tout ce qui est possible pour réduire le bruit de l'extérieur. Si c'est impossible, écoutez un disque ou une cassette de musique instrumentale douce ou de sons de la nature. Le bruit des vagues constitue un excellent bruit de fond.

Réduisez la tension musculaire. Si vous êtes tendu, accordez du temps à la relaxation de vos muscles. La relaxation musculaire progressive de la tête, du cou et de vos épaules est souvent utile (voir chapitre 1). La séquence suivante d'exercices de la tête et du cou peut aussi s'avérer efficace. Vous ne devriez pas accorder plus de dix minutes à cet exercice. Premièrement, touchez lentement, et à trois reprises, votre poitrine avec votre menton, puis penchez votre tête vers l'arrière, à trois reprises également, pour étirer doucement l'arrière de votre cou. Ensuite, penchez la tête vers votre épaule droite trois fois puis vers votre épaule gauche trois fois aussi. Finalement, effectuez, trois rotations de la tête dans le sens des aiguilles d'un montre et trois dans le sens inverse.

Assoyez-vous confortablement. Adoptez l'une des deux positions suivantes. Style oriental : asseyez-vous par terre, les jambes croisées avec un coussin ou un oreiller pour vous supporter les fesses. Posez les mains sur les cuisses. Penchez-vous légèrement vers l'avant pour qu'une portion de votre poids soit supportée par vos cuisses et vos fesses. Style occidental (préféré par la plupart des américains) : asseyez-vous sur une chaise droite et confortable, les pieds sur le plancher et les jambes décroisées, les mains sur les cuisses.

Dans l'une ou l'autre position, gardez le dos et le cou droits sans toutefois forcer. Ne prenez pas de posture raide et rigide. Si vous avez besoin de vous gratter ou de bouger, faites-le. En règle générale, ne vous allongez pas ou ne soutenez pas votre tête puisque vous aurez tendance à vous endormir.

Pratiquez la méditation régulièrement, chaque jour.
Même si vous ne méditez que pendant cinq minutes, il est
important de le faire chaque jour. L'idéal est de pratiquer
la méditation au même moment chaque jour. Nous vous
enseignerons bientôt deux types différents de méditation.
Peu importe celui que vous adopterez, vous souhaiterez
probablement commencer par de courtes périodes de cinq
à dix minutes chaque jour, en augmentant progressivement pour atteindre vingt à trente minutes, sur une période de deux à trois semaines. Vous pouvez régler une minu-
terie (à votre portée) ou écouter une cassette ou un disque
d'une durée de vingt à trente minutes qui vous indiquera
la fin de votre période de méditation. Vous pouvez aussi
utiliser une horloge ou une montre. Après avoir pratiqué
la méditation pendant vingt à trente minutes par jour pendant plusieurs semaines, vous souhaiterez peut-être allon-
ger la période jusqu'à une heure.

**Et ne méditez pas avec l'estomac plein ou lorsque vous
êtes fatigué.**

Concentrez votre attention sur un seul point. Vous pouvez
vous concentrer sur votre cycle respiratoire ou sur un
mantra (que nous expliquerons). Sinon, vous pouvez fixer
un objet comme une image ou la flamme d'une chandelle.

Adoptez une attitude passive et non critique. Concentrez-
vous sur ce que vous avez choisi comme objet de méditation, mais ne vous forcez pas à le faire. S'il s'agit d'un mantra ou d'une image interne, vous préférerez peut-être fermer
les yeux. Lorsque des pensées distrayantes ou des rêveries
surgissent, ne tentez pas de vous y accrocher ni de les rejeter
trop vigoureusement. Laissez-les tout simplement passer et

disparaître. Reportez alors votre attention sur l'objet de votre concentration. Ce processus peut être comparé à regarder des feuilles flotter à la surface d'un ruisseau. Chaque fois que votre attention est distraite de votre objet de méditation, ramenez-la à lui. Ne vous jugez pas lorsque des distractions surviennent.

Ne vous attardez pas au résultat de votre méditation. Ne cherchez pas à savoir si vous serez en mesure d'atteindre un niveau de méditation suffisamment profond dans le temps qu'il reste. Ne jugez pas votre expérience. Vous n'avez pas à vous demander à quel point vous réussissez la méditation. Certaines méditations auront un bon effet, d'autres moins. Il vous arrivera même d'avoir de la difficulté à méditer.

Laissez aller. Empêchez-vous de faire quoi que ce soit d'autre que de concentrer votre attention sur votre objet de méditation. Plus vous lâcherez prise, meilleure sera la méditation.

Exercice : méditez à l'aide d'un mantra

1. Sélectionnez un mot sur lequel vous concentrer. Ce peut être un mot français comme « calme », « paix », ou « un » ou un mantra sanskrit tel « om shanti », « sri ram » ou « om nameh shivaya ». « Maintenant » est également un bon choix puisqu'il tend à vous aider à vous concentrer sur le moment présent, lorsque répété. Ce peut aussi être un mot ou une phrase ayant une signification spéciale en lien avec votre système de croyances personnelles. Dans son ouvrage intitulé Beyond the Relaxation Response, le Dr Benson (1984) décrit de quelle façon un mot ou une phrase ayant une signification

personnelle ou spirituelle spéciale (par exemple, « Je suis en paix » ou « J'obéis à Dieu ») accentue les effets de la méditation.

2. Répétez ce mot ou cette formule tout au long de votre période de méditation, idéalement avec chaque expiration.

3. Lorsque des pensées vous viennent à l'esprit, laissez-les passer. Ramenez ensuite doucement votre attention sur le mot ou la formule et répétez.

Exercice : comptez les respirations

1. Alors que vous êtes assis calmement, concentrez-vous sur vos inspirations et expirations. Chaque fois que vous expirez, comptez une respiration. Vous pouvez compter jusqu'à dix ou plus et recommencer ou vous pouvez tout simplement répéter le mot « un » à chaque expiration. Vous préférerez peut-être commencer à dix ou à vingt et compter à l'envers à chaque expiration jusqu'à zéro, pour ensuite recommencer.

2. Chaque fois que votre concentration s'égare, dirigez-la à nouveau sur votre respiration et sur le compte. Si vous vous retrouvez au coeur d'un monologue ou d'un fantasme, ne vous en faites pas et, surtout, ne vous jugez pas. Détendez-vous et revenez à votre décompte.

3. Si vous perdez le compte, recommencez à un ou à un chiffre rond comme cinquante ou cent.

4. Après avoir pratiqué la méditation en comptant vos respirations pendant un certain temps, vous souhaiterez peut-être laisser tomber le comptage pour vous concentrer uniquement sur vos inspirations et

expirations. L'objectif de ce comptage est de vous aider à vous concentrer.

Persévérez

La plupart des gens considèrent qu'il faut faire un effort constant et soutenu pendant plusieurs mois pour devenir compétent en méditation. Même si la méditation est la plus exigeante des techniques de relaxation, elle est, pour bien des gens, la plus profitable et enrichissante. La recherche a montré que parmi les techniques de relaxation, la méditation est celle que les gens persistent à pratiquer le plus régulièrement.

Essayez la musique apaisante

La musique est souvent qualifiée de langage de l'âme. Elle semble toucher quelque chose de très profond en nous. Elle peut nous transporter dans des espaces intérieurs, au delà de notre anxiété et de nos inquiétudes. La musique apaisante peut nous aider à nous camper dans une sérénité qui élimine les stress et les problèmes du quotidien. Elle peut aussi nous élever en dehors d'un état dépressif. Que nous utilisions la musique en conduisant, comme bruit de fond pendant que nous sommes au travail ou à l'avant-plan lorsque nous prenons le temps de nous détendre, elle demeure l'une des méthodes les plus puissantes et consacrées pour éliminer l'anxiété et les préoccupations. Si vous décidez d'utiliser la musique pour neutraliser l'anxiété, veillez à sélectionner des pièces musicales qui sont authentiquement relaxantes plutôt que stimulantes ou évocatrices sur le plan des émotions.

Si vous n'avez pas accès à un lecteur de cassettes ou de disques compacts, utilisez un baladeur. Ce dernier est tout particulièrement pratique le soir pour éviter de déranger ceux qui vous entourent. Vous verrez que la musique peut être un arrière-plan intéressant aux techniques de relaxation, par exemple à la relaxation musculaire progressive ou aux visualisations guidées.

Consultez la section des ressources. Elle contient une liste de disques de musique relaxante.

TROISIÈME

CHAPITRE

Pensez de façon réaliste

À la fin de ce chapitre vous saurez comment :

- Reconnaître les modèles de réflexion non objective qui déclenchent l'anxiété.

- Les remplacer par des pensées plus réalistes.

Vous obtenez... ce que vous pensez

Imaginez deux individus dans un embouteillage à l'heure de pointe. Le premier se sent pris et se dit, par exemple : « je ne peux plus supporter ça, je dois sortir d'ici ! Pourquoi est-ce que je me mets toujours dans de telles situations ? » Il ressent de l'anxiété, de la colère et de la frustration. L'autre individu perçoit la situation comme une occasion de se détendre et choisit un nouveau disque ou une nouvelle cassette de musique. Il se dit plutôt : « j'ai intérêt à relaxer et à m'ajuster au rythme de la circulation » ou « je peux me détendre en pratiquant la respiration abdominale et en écoutant de la musique ». Il ressent du calme et est en accord avec lui-même. Dans les deux cas, la situation est identique, mais les émotions qui en découlent sont très différents en raison du discours intérieur de chaque individu.

La vérité est que c'est ce que nous nous disons en réponse à une situation particulière qui détermine principalement notre humeur et nos émotions. Nous le disons souvent tellement vite et automatiquement que nous ne le remarquons même pas. Nous avons donc l'impression que c'est la situation extérieure qui nous fait sentir de cette façon. C'est plutôt nos interprétations et nos pensées relatives à ce qui se passe qui constituent la base de nos émotions.

Bref, vous êtes largement responsable de la façon dont vous vous sentez (sauf en présence de déterminants physiologiques tels que la maladie). C'est une vérité aussi profonde qu'importante qui est souvent difficile à saisir entièrement. Il est souvent plus facile de blâmer quelque chose ou quelqu'un pour la façon dont vous vous sentez que d'assumer la responsabilité de vos réactions. Mais c'est grâce à votre volonté d'accepter cette responsabilité que vous commencerez à prendre votre vie en charge et à la contrôler. Le fait de réaliser que vous êtes grandement responsable de la façon dont vous vous sentez est stimulant du moment que vous l'acceptez entièrement. C'est une des clés les plus importantes qui permet de vivre une vie plus heureuse, plus fonctionnelle et à l'abri de l'anxiété.

Les gens qui souffrent d'anxiété sont particulièrement portés sur la verbalisation intérieure négative. L'anxiété peut être générée sous l'impulsion du moment en vous répétant des énoncés qui commencent par deux mots : « et si... » Toute l'anxiété que vous éprouvez en anticipant de confronter une situation difficile est créée par vos propres énoncés « et si... ». Lorsque vous décidez d'éviter une situation, c'est probablement en raison des questions effrayantes que vous vous êtes posées : « Et si je panique ? » « Et si je n'y arrive pas ? » « Qu'est-ce que les gens penseront s'ils me voient anxieux ? » Juste le fait de noter quand vous sombrez dans de telles réflexions représente la première étape qui vous permettra de les contrôler. Le changement réel survient lorsque vous commencez à contrecarrer et à remplacer les pensées terrifiantes par des pensées positives qui renforcent votre capacité de faire face aux situations. Par exemple, vous pouvez dire « et puis », « ce ne sont que des pensées », « je ne fais que m'effrayer » ou « je peux y arriver ».

« Catastrophisation »

La pensée négative peut prendre plusieurs formes, mais les personnes qui souffrent d'anxiété sont souvent très familières avec le fait de « catastropher ». Nous aborderons plus loin d'autres formes de réflexion non objective. En attendant, concentrons-nous sur ce modèle de réflexion producteur d'anxiété. Lorsque vous catastrophez, vous imaginez qu'un quelconque désastre est imminent. Vous prédisez des conséquences négatives en amplifiant ou en aggravant les réalités : un bateau dont la coque est à peine fissurée coulera sûrement; si vous vous sentez souvent fatigué, c'est que vous avez un cancer; une conjoncture économique légèrement défavorable vous fera perdre votre emploi et vous serez bientôt à la rue.

Comme toutes les réflexions anxieuses, les réflexions catastrophiques commencent par les mots « et si... ». « Et si je me cassais une jambe en skiant ? » « Et si mon avion était détourné ? » « Et si mon fils commençait à consommer de la drogue ? » « Et si j'étais impliquée dans un accident d'auto ? » « Et si je coulais mon examen et devais abandonner l'école ? » « Et s'ils me voient paniquer et pensent que je suis folle ? » Il n'y a pas de limite à une imagination catastrophique réellement fertile.

Surestimation et sous-estimation

Le catastrophisme s'inspire d'une surestimation des risques de résultats désastreux ainsi que d'une sous-estimation de votre capacité à faire face à la situation si elle devait survenir. Quelles sont les chances réelles que votre fatigue soit causée par un cancer ? Quelle est la probabilité réelle que votre fils consomme des drogues ou que vous vous cassiez une jambe en ski ? Et si le pire devait arriver. Seriez-vous réellement incapable d'y faire face ? Les gens survivent continuellement à des situations difficiles, voire même très graves. La plupart d'entre nous connaissons quelqu'un qui a survécu à un cancer ou à des problèmes avec un enfant. Il est certain que ces expériences sont difficiles, indésirables et dures, mais quelles sont les risques que vous ne puissiez réellement pas les surmonter ? Si vous isolez une peur et examinez les pensées qui l'alimentent, vous découvrirez souvent le catastrophisme à l'œuvre. Dans la mesure où vous pouvez surmonter cette pensée non objective en adoptant une réflexion plus réaliste, votre anxiété aura tendance à s'effacer.

Essentiellement, vous pouvez définir le catastrophisme comme étant la surestimation déraisonnable d'une menace, jumelée à une sous-estimation de votre capacité à y faire face.

Mettre le catastrophisme à rude épreuve

Les trois étapes qui suivent sont essentielles pour mettre à rude épreuve le catastrophisme et saper son pouvoir sur vous :

1. Identifiez les réflexions non objectives.

2. Questionnez leur validité.

3. Remplacez-les par des pensées plus réalistes.

Voici quelques exemples :

Exemple no 1 : peur d'une maladie grave

Modèle de pensée catastrophique. Je n'ai pas d'énergie et suis tout le temps fatigué. Et si je souffrais d'un cancer sans le savoir ? Et si mon médecin diagnostiquait un cancer, ce serait la fin. Je ne pourrais vivre avec cette idée. Je devrais en finir rapidement et mettre fin à mes jours.

Identifiez les réflexions non objectives. Les réflexions non objectives sont : « parce que j'ai peu d'énergie et que je suis fatigué, je dois souffrir d'un cancer » et « si j'avais un cancer, je ne pourrais y faire face ». En identifiant les réflexions non objectives, énumérez d'abord tous vos « et si... » à propos de la situation, puis changez-les en énoncés affirmatifs. Par exemple : « et si mon manque d'énergie et ma fatigue étaient des symptômes du cancer ? » deviendrait « parce que je manque d'énergie et que je suis fatigué, j'ai le cancer ».

Questionnez leur validité. Quels sont les risques que le manque d'énergie et la fatigue signifient que j'ai un cancer ? Si ce qui est peu probable survenait et qu'on diagnostiquait réellement un cancer, à quel point cela serait-il terrible ? Est-ce que je m'effondrerais et ne serais plus capable de vivre ? De façon réaliste, est-il vrai que je serais incapable de faire face à la situation ? Remarquez comment les questions commencent. Pour mettre à rude épreuve la validité de vos réflexions catastrophiques, il est judicieux de vous poser des questions telles que :

« Quels sont les risques ? » « De façon réaliste, quelles sont les probabilités ? » « À quelle fréquence cela s'est-il produit dans le passé ? » ou « Si le pire arrivait, est-il vrai que je ne trouverais aucune façon d'y faire face ? »

Remplacez-les par des pensées plus réalistes. Les symptômes de fatigue et de manque d'énergie peuvent indiquer toutes sortes de conditions physiques et psychologiques, y compris un virus d'évolution lente, l'anémie, l'épuisement surrénal ou l'hypothyroïdie, la dépression et les allergies alimentaires, pour n'en nommer que quelques-unes. Il y a plusieurs explications possibles qui justifient ma condition et je n'ai aucun symptôme spécifique du cancer. Donc, les risques que ma fatigue et mon manque d'énergie supposent un cancer sont très faibles. De plus, aussi désarmant que pourrait être un diagnostic de cancer, je n'en serais pas pour autant dévasté. Après un ajustement initial difficile à la situation, ce qui peut prendre quelques jours ou quelques semaines, je commencerais à penser à ce qu'il me faudrait faire pour faire face à la situation. Ce serait certainement difficile, mais je ne serais pas moins outillé que quiconque pour y faire face. Mon médecin et moi planifierions les stratégies de traitement possibles les plus efficaces. Je m'inscrirais à un groupe de soutien local sur le cancer et obtiendrais beaucoup de soutien de mes amis et de ma famille immédiate. Je complémenterais mon traitement par des méthodes alternatives dont la visualisation et des changements diététiques qui contribueraient à ma guérison. Bref, je ferais tout ce qui est possible pour guérir.

Exemple no 2 :
peur de paniquer lors d'une présentation publique

Modèle de pensée catastrophique. Et si je me mettais à paniquer pendant que je m'adresse à ces gens ? Et s'il me pensaient fou ? Je ne pourrais jamais vivre avec cette idée.

Identifiez les réflexions non objectives. Les réflexions non objectives sont « Je paniquerais sûrement si je devais faire une présentation » et « Les autres penseraient assurément que je suis fou, ce qui aurait un effet dévastateur sur moi ».

Questionnez leur validité. De façon réaliste, quelle est la probabilité que je panique en parlant ? Quels sont les risques, si je panique, que les gens en soient conscients et qu'ils en concluent que je suis fou ? Supposons que l'improbable se produise et que les gens pensent réellement que je suis fou parce que j'ai paniqué. Serait-ce si grave que ça ? Est-il réaliste de supposer que je ne m'en remettrais pas ?

Remplacez-les par des pensées plus réalistes. Si je commençais à paniquer, je pourrais tout simplement abréger et retourner m'asseoir. Puisque les gens ont tendance à se perdre dans leurs pensées et préoccupations, personne probablement ne remarquerait mon malaise ou ne serait perturbé par le raccourcissement de ma présentation. Même si les gens détectent des signes de panique, par exemple si mon visage devient rouge ou ma voix tremblante, il y a peu de risques qu'ils me pensent fou ou bizarre. Penserais-je la même chose si les rôles étaient inversés ? Je serais plutôt préoccupé pour cette personne. Et même dans l'infime probabilité qu'une personne pense que je suis fou ou différent parce que j'ai paniqué, je pourrais expliquer que j'éprouve parfois de la peur à parler en public. Avec toute la publicité traitant des troubles anxieux de nos jours, ils comprendraient assurément. Être entièrement honnête est une façon de faire face à la situation. Et peu importe ce qui se passerait, je l'oublierais après peu de temps. Il est faux que je ne m'en remettrais jamais. J'ai déjà surmonté des situations embarrassantes dans le passé.

Exemple no 3 : peur de perdre votre emploi

Modèle de pensée catastrophique. L'économie s'est resserrée au cours des dernières années et les mises à pied prennent des proportions alarmantes. Et si je perdais mon emploi et ne pouvais plus payer mon loyer ? Je me retrouverais à la rue et ne pourrais plus jamais reprendre le dessus. Je serais trop mal à l'aise pour demander de l'aide à ma famille et à mes amis. Je serais à la merci d'étrangers.

Identifiez les réflexions non objectives. Les réflexions non objectives sont « Une économie récessive aura pour résultat ma perte d'emploi » et « Si je perd mon emploi, je serai privé de ressources et en détresse. »

Questionnez leur validité. Quels sont les risques réels que je perde mon emploi ? Et si je le perdais. Est-ce que je me retrouverais vraiment à la rue ? N'aurais-je aucun moyen de redresser la situation ? Serait-il réellement impossible de demander de l'aide à ma famille et à mes amis ?

Remplacez-les par des pensées plus réalistes. Mon entreprise ne montre aucun signe de détresse financière réelle et même si je perds mon emploi, j'ai des moyens de faire face à la situation. La plupart des gens travaillent toujours et je pourrais trouver un autre emploi. Je suis travaillant et compétent dans mon domaine. Les membres de ma famille et les amis que j'ai eu l'occasion d'aider dans le passé m'aideront sans aucun doute. Et si je ne pouvais plus payer mon loyer, je pourrais rester avec eux jusqu'à ce que je me sois remis sur pied. J'ai quelques économies et, dans le pire des cas, je pourrais encaisser mon régime de retraite. Je pourrais aussi recevoir de l'assurance-emploi si j'étais mis à pied. Ce ne serait pas facile, mais sûrement pas insurmontable.

Les trois exemples qui précèdent illustrent comment les pensées catastrophiques favorisant la peur peuvent être mises à rude épreuve et contrées par des pensées plus réalistes et moins anxieuses. C'est maintenant à votre tour. À la suite des lignes directrices présentées ci-dessous, vous trouverez une feuille de travail des pensées réalistes. Avant de commencer cet exercice, faites au moins vingt photocopies de la feuille de travail puisque vous l'utiliserez souvent (vous pouvez photocopier la page du livre ou tout simplement saisir et imprimer les cinq portions de la feuille à partir de votre ordinateur). Une fois les copies faites, suivez les lignes directrices présentées ci-dessous pour contrecarrer les pensées terrifiantes associées à toute situation effrayante ou à toute inquiétude.

Lignes directrices pour contrecarrer les pensées terrifiantes

1. Choisissez un moment pendant lequel vous êtes relativement détendu et calme, de préférence pas durant un épisode intense d'anxiété ou d'inquiétude. Trouvez un moyen de relaxer et de vous concentrer sur vous-même (voir les chapitres 1 et 2) avant de travailler à contrer les pensées terrifiantes.

2. Une fois relativement détendu, demandez-vous : « Et si c'était ce que je me dis qui me rend anxieux ? » Pensez à toutes les pensées commençant par « et si… » que vous vous êtes répétées et écrivez-les dans la première partie de la feuille de travail : ce que je me disais.

3. Pour que vos réflexions non objectives soient plus claires et donc plus faciles à contrer, transformez-les en énoncés normaux et affirmatifs. Il est plus facile de constater la déformation lorsque vous transformez vos réflexions « et si… » comme « et si l'avion s'écrasait » en une phrase précise comme « l'avion va s'écraser ». Inscrivez vos réflexions révisées dans la seconde partie de la feuille de travail : modèles de réflexion non objective.

4. Contrez vos pensées non objectives en vous demandant : « quels sont réellement les risques que cela se produise ? » ; « combien de fois cela s'est-il déjà produit ? » ; « est-ce que je considère cette situation complètement impossible à gérer ou à surmonter ? »

5. Servez-vous de ces questions pour élaborer des pensées plus réalistes en lien avec la situation ou l'inquiétude. Rédigez ces pensées réalistes dans la section : modèles de pensée plus réaliste.

6. Enfin, pensez à des façons de faire face à la situation si le pire devait arriver. Demandez-vous : « si le pire devait arriver, comment y ferais-je face ? » Dans la plupart des cas, cela vous aidera à constater que vous avez sous-estimé votre capacité de faire face à la situation. Inscrivez les moyens de faire face que vous avez trouvés dans la section : si le pire devait arriver, que ferais-je pour y faire face ?

7. Relisez les pensées réalistes et les façons de faire face aux pires des scénarios à plusieurs reprises pendant quelques semaines. Cela les renforcera dans votre esprit. Vous souhaiterez peut-être réécrire ces énoncés sur une fiche que vous pouvez garder à portée de la main et consulter au besoin.

8. Sur une autre copie de la feuille de travail, répétez toutes les étapes de cet exercice pour chacune de vos peurs ou inquiétudes.

Feuille de travail des pensées réalistes

Et si je me disais...
(Énumérez vos énoncés « et si... » à propos de la situation crainte.)

Modèles de réflexion non objective
(Transformez vos énoncés « et si... » en énoncés normaux. Par exemple, « et si je paniquais ? » deviendrait : « je vais paniquer. » ; « et s'ils pensaient que je suis stupide ? » deviendrait : « ils pensent que je suis stupide. »)

Défiez vos déformations
(Posez-vous des questions comme : « quels sont les risques, de façon réaliste, que cela se produise ? » ; « combien de fois cela s'est-il déjà produit ? » ; « est-ce que je considère cette situation complètement impossible à gérer ou à surmonter ? »)

Modèles de pensée plus réalistes
(Remplacez vos pensées déformées ou terrifiantes par des pensées plus réalistes en lien avec la situation.)

Si le pire devait arriver, que ferais-je pour y faire face ?
(Énumérez les moyens de faire face aux pires des scénarios dans le cas peu probable où ils se réaliseraient.)

Autres formes de réflexion non objective

Catastropher n'est pas la seule forme de pensée déformée pouvant déclencher l'anxiété. Nous en aborderons ici sept autres. Vous en reconnaîtrez probablement plusieurs et peut-être toutes.

Filtrage

Vous vous concentrez sur les détails négatifs tout en ignorant tous les aspects positifs d'une situation. Par exemple, un dessinateur qui n'est pas à l'aise avec la critique est félicité pour la qualité de ses récents dessins et on lui demande s'il peut réaliser le travail suivant un peu plus rapidement. Il se rend chez lui, anxieux, ayant décidé que son employeur le trouvait lent. Il a filtré les félicitations reçues et s'est concentré uniquement sur la critique.

Pensée polarisée

Tout est blanc ou noir ; bon ou mauvais. Vous devez être parfait sinon vous êtes un échec. Il n'y a pas de valeur moyenne, pas de place pour l'erreur. Une mère monoparentale avec trois enfants se devait d'être forte et « responsable ». Dès qu'elle s'est senti fatiguée ou confuse, elle s'est mise à penser qu'elle était une mauvaise mère et est donc devenue anxieuse.

Surgénéralisation

Vous en arrivez à une conclusion générale en vous inspirant d'un seul incident ou d'une seule preuve. Vous exagérez la fréquence des problèmes et utilisez des étiquettes globales négatives. Cette perception peut mener à une vie de plus en plus restreinte. Si vous avez déjà été malade en train, vous décidez de ne plus jamais le prendre. Si vous vous êtes senti mal sur un balcon au 6e étage, vous décidez de ne plus jamais mettre pied sur un balcon. Si vous vous êtes sentie anxieuse la dernière fois que votre mari est parti en voyage d'affaires, vous vous imaginez que vous serez misérable chaque fois qu'il quittera la ville. Une mauvaise expérience signifie que lorsque vous êtes dans une situation semblable, vous répéterez inévitablement la mauvaise expérience. Il est facile de voir comment ceci peut mener à l'anxiété.

Des mots comme « toujours » ou « jamais » sont des signes de surgénéralisation.

Lecture de la pensée

Sans qu'ils n'aient à le dire, vous « savez » ce que les gens ressentent et pourquoi ils agissent comme ils le font. Entre autres, vous avez un bonne idées de ce que les gens pensent de vous. Vous avez cependant peur de le vérifier auprès d'eux. Vous pourriez assumer ce que votre copain pense et vous dire : « à cette distance, il voit à quel point je ne suis pas séduisante ». Vous devenez anxieuse parce que vous croyez qu'il vous rejettera.

Exagération

Vous exagérez le degré ou l'intensité d'un problème. Vous amplifiez le volume de tout ce qui est mauvais, le rendez plus fort, imposant et écrasant. De simples suggestions deviennent des critiques cinglantes. Des petites mises au point deviennent des causes de désespoir. D'infimes obstacles deviennent des barrières insurmontables. Le revers de l'exagération est la minimisation. Lorsque vous exagérez, vous ne voyez que les aspect négatifs et difficiles de votre vie comme si vous l'observiez dans un télescope qui grossit vos problèmes. Et lorsque vous observez vos atouts, par exemple votre capacité de faire face et de trouver des solutions, vous regardez par la mauvaise extrémité du télescope et tout ce qui est positif devient minuscule. Cette façon de voir les choses crée un pessimisme hystérique qui laisse facilement place à l'anxiété.

Personnalisation

Vous prenez pour acquis que tout ce que les gens disent ou font est en réaction à ce que vous êtes. Vous vous comparez fréquemment aux autres, tentez de déterminer qui est le plus intelligent, le plus compétent, le plus beau, etc. C'est pourquoi vous considérez que votre propre valeur dépend de la façon dont vous vous mesurez aux autres. Et vous devenez anxieux en vous demandant continuellement si vous êtes à la hauteur.

Obligations

Vous possédez une liste de règles blindées qui dictent comment les autres et vous-même devez agir. Les gens qui brisent ces règles vous fâchent et vous vous sentez coupable lorsque vous les violez vous-même. « Je devrais être l'ami, le parent, le professeur, l'étudiant ou l'époux parfait » ; « je devrais tout savoir, tout comprendre et tout prévoir » ; « je devrais être agréable et ne jamais m'emporter » ; « je ne devrais jamais faire d'erreurs » sont des exemples d'obligations irréalistes. Votre code de conduite personnel est si exigeant qu'il est impossible d'en respecter toutes les règles et vous devenez anxieux seulement à y penser.

Exercice : reconnaître les modèles

L'exercice qui suit est conçu pour vous aider à remarquer et à identifier les modèles de pensée non objective. Lisez attentivement chaque énoncé et référez-vous au résumé ci-dessus afin de déterminer comment chaque énoncé ou situation s'inspire d'une ou de plusieurs formes de pensée non objective.

1. Le lave-linge est brisé. La mère de jumeaux en couches se dit : « cela arrive toujours. C'est intolérable. La journée entière est foutue. »

2. Il a regardé à l'autre bout de la table et a dit : « c'est intéressant. Je savais qu'il avait hâte que le déjeuner se termine pour pouvoir s'éloigner de moi. »

3. Un homme tentait d'obtenir plus de compréhension et d'aide de la part de son amie. Il se sentait irrité chaque fois qu'elle ne lui demandait pas comment s'était passée sa journée ou qu'elle omettait de lui donner l'attention à laquelle il s'attendait.

4. Un conducteur est nerveux lors de longs trajets, inquiet d'avoir des problèmes avec sa voiture ou d'être malade alors qu'il est loin de la maison. Devant conduire 800 km jusqu'à Chicago et ensuite revenir, il se dit : « c'est trop loin. Mon véhicule compte plus de 95 000 km – il n'y survivra pas. »

5. Alors qu'elle se prépare pour son bal de graduation, une étudiante du secondaire dit : « j'ai les pires hanches de toute ma classe et j'ai presque les pires cheveux... Si cette tresse française se défait, je vais mourir. Je ne pourrai jamais la refaire et la soirée sera ruinée... J'espère que Ron aura la voiture de son père. C'est la seule chance que la soirée soit parfaite. »

Réponses 1. Surgénéralisation, filtrage ; 2. Lecture de pensées ; 3. Obligations ; 4. Catastropher, exagérer ; 5. Personnalisation, pensée polarisée, catastropher.

Sept solutions à sept distorsions

Vous trouverez ci-dessous quelques méthodes utiles pour équilibrer les modèles de pensée tordue qui alimentent l'anxiété.

Filtrage

Vous êtes coincé dans un ornière mentale, vous concentrant sur les éléments de votre environnement qui vous effraient. Afin de réussir le filtrage, vous devrez détourner délibérément votre attention. Cela est possible de deux façons. D'abord, concentrez-vous sur la solution plutôt que sur le problème. Portez votre attention sur les stratégies permettant de faire face au problème plutôt que sur le problème en soi. Deuxièmement, concentrez-vous sur le contraire de votre thématique mentale principale qui, avec l'anxiété, est le danger ou l'insécurité. Concentrez-vous plutôt sur des éléments de votre environnement qui représentent le confort et la sécurité. Une question classique à se poser, peu importe la forme du filtrage, est : « est-ce que pour moi le verre est à moitié vide ou à moitié plein ? »

Pensée polarisée

La clé pour surmonter la pensée polarisée est de cesser de porter des jugements complètement blancs ou complètement noirs. Pensez plutôt en termes de pourcentages :

« environ trente pour cent de ma personne sont effrayés par la mort et soixante-dix pour cent y font face. »

Surgénéralisation

La surgénéralisation se résume à de l'exagération : la tendance à prendre un bouton et à y coudre une veste. Combattez-la en « quantifiant » plutôt qu'en utilisant des termes tels que énorme, horrible, massif, minuscule, etc. Par exemple, si vous vous surprenez à penser : « nous sommes ensevelis sous les dettes », reformulez en ajoutant une valeur : « nous devons 27 000 $. »

Lecture de pensée

En bout de ligne, vous avez probablement intérêt à ne tirer aucune conséquence des pensées des gens. Croyez ce qu'ils vous disent ou ne tirez aucune conclusion tant que des preuves ne vous sont pas données. Traitez toutes vos notions des gens comme des hypothèses à tester et à vérifier en les questionnant. Vous ne pouvez pas toujours vérifier vos interprétations. Par exemple, vous n'êtes peut-être pas prêt à demander à votre fille si elle s'est retirée de la vie familiale parce qu'elle est enceinte ou qu'elle consomme des drogues. Mais vous pouvez atténuer votre anxiété en générant des interprétations alternatives de son comportement. Peut-être est-elle en amour ou en période prémenstruelle ? Peut-être étudie-t-elle fort ou est-elle déprimée ? En échafaudant un certain nombre de possibilités, vous risquez de trouver une interprétation plus neutre qui est susceptible d'être plus réaliste que vos soupçons.

Exagération

Pour combattre l'exagération, cessez d'utiliser des mots tels que terrible, horrible, révoltant ou affreux. Tout par-

ticulièrement, évitez les phrases comme : « c'est intolérable », « c'est impossible » ou « c'est insupportable ». Vous
pouvez tolérer une telle situation parce que l'histoire
démontre que les êtres humains peuvent survivre à presque tous les problèmes psychologiques et endurer des
douleurs physiques incroyables. Vous pouvez vous y faire
et faire face à presque tout. Essayez plutôt de vous répéter
des phrases comme : « je peux y faire face » et « je peux
survivre à cela ».

Personnalisation

Lorsque vous vous surprenez à vous comparer aux autres,
rappelez-vous que chacun possède des points forts et des
points faibles. En appariant vos points faibles aux points
forts correspondants des autres, vous cherchez ni plus ni
moins des façons de vous démoraliser. Si vous assumez
que les réactions des autres vous concernent souvent,
efforcez-vous de vérifier cette hypothèse. Peut-être que
votre patron ne fronce pas les sourcils parce que vous
arrivez en retard. Ne tirez pas de conclusion à moins
d'être convaincu d'avoir une preuve raisonnable en main.

Obligations

Réexaminez et questionnez toute règle personnelle ou
attente qui comprend les verbes « devoir, falloir », les mots
« obligation, devoir »… Les règles et les attentes flexibles
n'utilisent pas ces termes parce qu'il existe toujours des
exceptions et des circonstances spéciales. Pensez à au
moins trois exceptions à votre règle puis imaginez toutes
les exceptions auxquelles vous ne pensez peut-être pas.
Vous pouvez adoucir les obligations et les devoirs en les

remplaçant par la notion de « préférence ». Vous « ne devez pas » remporter la compétition ou avoir une apparence parfaite, mais vous « préféreriez » cela.

CHAPITRE

Affrontez vos peurs

À la fin de ce chapitre vous saurez comment :

- Utiliser la thérapie par exposition pour confronter les situations phobiques dans la vie de tous les jours et surmonter votre peur.

- Utiliser la désensibilisation systématique pour faire face mentalement aux situations phobiques qui ne peuvent être confrontées dans la vie de tous les jours et pour surmonter votre peur.

Voyons les choses en face

Le moyen le plus efficace de surmonter une phobie est tout simplement d'y faire face. Continuer d'éviter une situation phobique ne fait qu'alimenter la peur dont vous tentez si fortement de vous débarrasser. Pour une personne qui se bat avec l'anxiété liée à une phobie, cela peut sembler cru. En fait, vous vous êtes dit : « impossible ! ». Nous ne sommes pas surpris. D'entrée de jeu, la seule pensée de faire face à une situation que vous évitez depuis longtemps est au mieux déconcertante et, au pire, complètement impossible. L'exposition est pourtant un processus graduel, qui se fait étape par étape, et non une immersion soudaine. Vous ferez face à vos peurs à petits, voire très petits pas. Cela fait partie de la thérapie par exposition qui emploie un plan détaillé qui permet de faire face à vos phobies qui surgissent dans la vraie vie lorsque cela est faisable ou dans votre imagination, lorsque ça ne l'est pas.

Anxiété liée à la phobie

Pour bien des gens, l'anxiété est déclenchée par des phobies. Une phobie est une peur exagérée d'une situation ou d'une expérience particulière qui provoque une augmentation de l'anxiété. En temps normal, vous évitez la situation. Dans certains cas, seule la pensée de la situation crainte est suffisante pour déclencher l'anxiété. La peur et l'évitement sont suffisamment forts pour interférer avec votre routine normale, votre travail ou vos relations et provoquer un état de détresse important. Parmi les phobies communes, on note la peur de prendre l'ascenseur, de parler en public, de prendre l'avion, d'aller chez le médecin ou chez le dentiste et la peur des hauteurs. Si vous souffrez d'une phobie, votre anxiété n'est pas sans raison, contrairement à l'anxiété d'autres personnes. Elle est causée par la pensée de la réelle possibilité de vous retrouver dans une situation de crainte.

Sensibilisation

Les phobies sont développées par la sensibilisation. C'est un processus par lequel on devient sensible à un stimulus particulier. Dans le cas des phobies, il importe de pouvoir associer l'anxiété à une situation en particulier. Vous avez peut-être déjà paniqué dans un ascenseur ou durant une présentation. Si votre niveau d'anxiété était élevé, il est probable qu'un solide lien se soit tissé entre cette situation particulière et votre anxiété. Donc, le seul fait de se retrouver dans la situation, d'en être proche ou seulement d'y penser déclenche automatiquement l'anxiété. Un lien entre la situation et une forte réponse d'anxiété a été établi. Parce que ce lien est automatique et en apparence hors de votre contrôle, vous avez probablement fait tout ce que vous pouviez pour éviter de vous retrouver à nouveau dans cette situation. Votre évitement a été récompensé parce qu'il vous a permis d'éviter de faire de nouveau l'expérience de cette anxiété. Lorsque vous cherchez à toujours éviter la situation, c'est que vous avez développé une phobie dans tous les sens du terme.

Thérapie par l'exposition

La thérapie par l'exposition (aussi appelée désensibilisation réelle, désensibilisation *in vivo*, traitement par exposition ou tout simplement exposition) est un processus permettant de vous « désensibiliser » par rapport à votre phobie. Grâce à l'exposition, vous faites face à une situation phobique en réalisant une série d'activités appelées « hiérarchie » qui vous amènent progressivement mais ultimement à la situation que vous craignez. La désensibilisation est l'objectif. La thérapie par l'exposition implique :

1. Briser le lien entre une situation phobique (par exemple, parler en public) et une réponse anxieuse ;

2. Réassocier les sensations de relaxation et de calme relatifs à cette situation en particulier.

Une phobie fait corps avec une situation en particulier lorsqu'elle est associée à un danger irréaliste et troublant. Lorsque vous désensibilisez une situation phobique, elle est alors normalisée. Elle cesse de vous déstabiliser sur le plan émotif.

Créer une hiérarchie

La thérapie par l'exposition fonctionne par la création d'une hiérarchie. Il s'agit d'une série d'étapes qui vous rapprochent progressivement de la situation que vous craignez. Vous pouvez la considérer comme une hiérarchie progressive dont le premier échelon produit, au plus, une légère anxiété et dont le dernier en produit une forte. De façon générale, huit à douze échelons sont suffisants dans une hiérarchie, même si dans certains cas vous voudrez en inclure une vingtaine. Il n'est pas recommandé d'y aller avec moins de huit échelons puisque cela n'est normalement pas suffisant pour garantir l'efficacité de la hiérarchie. Vous trouverez parfois difficile de passer d'un échelon à l'autre. Il est possible que vous soyez capable de négocier le neuvième échelon, mais que vous soyez très anxieux face au dixième. Dans ce cas, vous devez ajouter un échelon intermédiaire (9 $\frac{1}{2}$) qui peut servir de pont entre le précédent et le suivant. Il est aussi préférable qu'un aidant vous accompagne lorsque vous faites face à votre phobie pour la première fois ou pour ces échelons qui provoquent davantage d'anxiété.

Exemple : hiérarchie pour surmonter la phobie des ascenseurs

1. Observez des ascenseurs, regardez-les monter et descendre.

2. Prenez place dans un ascenseur immobile avec votre aidant.

3. Entrez seul dans un ascenseur immobile.

4. Prenez l'ascenseur pour monter ou descendre d'un étage avec votre aidant.

5. Prenez l'ascenseur seul pour monter ou descendre d'un étage, votre aidant vous attendant à l'extérieur à l'étage où vous arrivez.

6. Prenez l'ascenseur pour deux ou trois étages avec votre aidant.

7. Prenez l'ascenseur seul pour monter ou descendre deux ou trois étages, votre aidant vous attendant à l'extérieur à l'étage où vous arrivez.

8. Augmentez le nombre d'étages, d'abord avec votre aidant, ensuite seul, votre aidant vous attendant à l'extérieur de l'ascenseur.

9. Prenez l'ascenseur seul.

Consultez la section Ressources à la fin du livre pour trouver des exemples supplémentaires de hiérarchies.

Savoir quand reculer

Lorsque vous commencez à travailler les échelons d'une hiérarchie, il est possible que vous deviez parfois reculer temporairement lorsque votre anxiété provoque un certain inconfort. Utilisez l'échelle d'anxiété ci-dessous comme baromètre de l'intensité de votre anxiété. Même si elle ne correspond pas précisément à vos symptômes spécifiques, l'échelle décrit des symptômes types à différents niveaux d'intensité. L'important est d'identifier ce qui constitue pour vous un « niveau 4 ». C'est le point auquel, peu importe vos symptômes, vous sentez que votre contrôle par rapport à votre réaction diminue et qu'il est temps de reculer.

Échelle d'anxiété

7-10 *Crise de panique majeure*

Tous les symptômes du niveau 6 sont exagérés : la terreur, la peur de devenir fou ou de mourir, une forte compulsion à s'échapper.

6 *Crise de panique modérée*

Palpitations, difficulté à respirer, sensation de désorientation ou de détachement (sensation d'irréalité), panique en réponse à une perte de contrôle perçue.

5 *Début de panique*

Coeur qui bat fort ou irrégulièrement, respiration difficile, étourdissements, peur précise de perdre le contrôle, compulsion à s'échapper.

4 *Anxiété marquée*

Sensation d'inconfort, rythme cardiaque rapide, muscles contractés, commence à se demander comment garder le contrôle.

3 *Anxiété modérée*

Sensation d'inconfort mais en contrôle, rythme cardiaque devenant rapide, respiration plus rapide, mains moites.

2 *Anxiété faible*

Papillons dans l'estomac, tension musculaire, nervosité définie.

1 *Anxiété légère*

Épisode temporaire d'anxiété, sensation de nervosité légère.

0 *Relaxation*

Calme, sensation d'attention et de paix.

Optionnel : essayez d'abord la désensibilisation par l'imagerie

Certaines personnes préfèrent pratiquer une technique appelée « désensibilisation par l'imagerie » avant d'aborder une situation phobique réelle. La technique implique la visualisation des expériences décrites dans votre hiérarchie plutôt que la confrontation sans détour. Si vous souhaitez utiliser cette technique préalablement à l'exposition directe, consultez la section *Désensibilisation par l'imagerie* plus loin dans ce chapitre.

Comment s'exposer

Pour créer votre thérapie par l'exposition, commencez par définir clairement vos objectifs. Que considériez-vous comme une guérison complète de vos phobies ? Souhaitez-vous être en mesure de conduire seul sur l'autoroute ? Faire l'épicerie de la semaine seule ? Parler en public au travail ? Prendre l'avion ? Assurez-vous d'établir des objectifs précis. Plutôt que de cibler un objectif vague comme être à l'aise à magasiner, définissez un objectif précis comme être capable d'acheter à l'épicerie trois articles par vous-même. Afin de créer une hiérarchie, définissez des objectifs concrets.

Vous êtes maintenant prêt à diviser chaque objectif en petites étapes progressives. Sur une feuille, inscrivez les échelons de votre hiérarchie. Si c'est nécessaire, référez-vous à l'exemple de phobie des ascenseurs donné précédemment dans ce chapitre. Veillez à commencer avec un échelon simple qui ne produit qu'une anxiété légère et progressez vers l'échelon final que vous seriez en mesure d'accomplir si vous étiez complètement guéri de votre phobie. Votre hiérarchie devrait comprendre entre huit et douze échelons progressivement plus difficiles. Commencez avec un élément relativement facile qui vous permettra de faire face à votre situation effrayante. Développez au moins huit échelons qui impliquent des expositions de plus en plus exigeantes. L'étape finale devrait être l'atteinte de votre objectif, ou une étape antérieure à l'objectif que vous avez défini. À la suite de chaque échelon de la hiérarchie, notez la date à laquelle vous l'avez réalisée. Lorsque vous avez réalisé la hiérarchie de votre premier objectif (par exemple, voler), rédigez une autre hiérarchie pour votre autre objectif (par exemple, vaincre la peur des ascenseurs), etc.

Procédure de base d'exposition

Passez à la situation phobique en commençant avec le premier échelon de votre hiérarchie ou à celui où vous aviez laissé la dernière fois. Continuez de progresser dans votre hiérarchie jusqu'au point ou votre anxiété commence à devenir impossible à gérer (niveau 4 sur l'échelle d'anxiété). Si votre anxiété ne devient pas impossible à gérer, c'est parfait. Endurez la situation difficile jusqu'à ce que votre anxiété commence à s'apaiser.

Même si vous n'êtes pas à l'aise avec la situation, endurez-la aussi longtemps que votre niveau d'anxiété n'atteint pas le point où elle devient impossible à gérer. Laissez le temps passer et votre anxiété diminuer. Lorsque vous entreprenez l'exposition, il est très utile de pratiquer la technique de respiration abdominale décrite au chapitre 1. La respiration abdominale peut aider à désamorcer une portion de l'anxiété qui naît.

N'hésitez pas à reculer si vous considérez que votre anxiété a atteint un point où elle pourrait devenir hors de contrôle, soit au delà du niveau 4 sur l'échelle d'anxiété. Reculer signifie que vous quittez temporairement la situation jusqu'à ce que vous vous sentiez mieux et que vous puissiez y retourner. Dans la plupart des cas, c'est effectivement possible, mais lorsque c'est impossible, par exemple lorsque vous êtes en avion, vous ne pouvez quitter temporairement la situation. Le recul n'est pas comme s'échapper ou éviter la situation. Il sert plutôt à éviter une resensibilisation à la situation.

Récupérez. En cas de recul temporaire face à votre situation phobique, attendez que votre niveau d'anxiété diminue. Laissez-vous suffisamment de temps pour que votre anxiété diminue. Vous trouverez peut-être que la respiration abdominale ou faire quelques pas vous aidera à retrouver votre calme.

Répétez. Après avoir récupéré, retournez dans votre situation phobique et continuez de progresser dans votre hiérarchie jusqu'à ce que vous vous sentiez épuisé ou jusqu'à ce que votre anxiété devienne impossible à gérer. Si vous êtes capable de progresser davantage ou de rester plus longtemps dans la situation qu'auparavant, c'est bien. Si non, ou si vous n'êtes pas en mesure d'atteindre le même point que la première fois, c'est également bien. Ne vous blâmez pas si votre performance après le recul est moins spectaculaire qu'elle l'était à l'origine. C'est une expérience commune. Dans une journée ou deux, vous verrez que vous serez en mesure de progresser à nouveau dans votre hiérarchie.

Continuez de pratiquer le cycle décrit ci-dessus : exposition-recul (au besoin)-récupération-répétition... jusqu'à ce que vous soyez fatigué ou agacé, puis arrêtez pour la journée. Progressez par autant d'échelons que nécessaire dans votre hiérarchie.

Ceci est une pratique. Vous aurez besoin, en temps normal, de trente minutes à deux heures. Pour la plupart des gens, une pratique par jour suffit. Vous devez accepter que votre progrès par échelons risque d'être inégal. Certains jours, vous ferez de grands progrès et gravirez plusieurs échelons. D'autres jours, vous ne ferez presque pas de progrès et d'autres fois, vous n'irez pas aussi loin que les jours précédents. Un lundi, vous passerez peut-être cinq minutes seul dans une épicerie pour la première fois depuis des années. Un mardi, vous endurerez cinq minutes de nouveau, mais pas plus. Ensuite, le mercredi, vous serez incapable d'entrer dans le magasin. Toutefois, jeudi ou vendredi, vous découvrirez que vous pouvez y rester 10 minutes Ce phénomène de hauts et de bas, deux pas en avant et un en arrière, est typique de la thérapie par exposition. Ne vous découragez surtout pas!

Tirer le meilleur parti de la thérapie par l'exposition

En suivant ces lignes directrices, vous profiterez de la thérapie par l'exposition.

Se fier à un aidant

Il est souvent très utile de pouvoir compter sur une relation d'aide (par exemple votre conjoint, partenaire, un ami ou un aidant professionnel) qui vous accompagnera tout au long de votre hiérarchie de phobie, en particulier lorsque vous entamerez le processus d'exposition. Cette personne en qui vous avez confiance peut vous rassurer, vous aider à vous sentir en sécurité, être un élément distrayant (en vous parlant). Elle peut également vous encourager à persister et vous féliciter de vos progrès. Cependant, votre aidant ne doit pas vous pousser. C'est à vous de déterminer le rythme de votre progression dans la hiérarchie. Mais ce peut être pratique que votre aidant identifie toute résistance de votre part et vous aide à en reconnaître la présence. Le principal travail de votre partenaire est de vous encourager et de vous soutenir sans juger votre performance. Au fur et à mesure que vous progressez dans votre hiérarchie, vous pourrez éventuellement faire cavalier seul et faire face aux situations que vous craignez.

Soyez prêt à prendre des risques

Entrer dans une situation phobique que vous évitez depuis longtemps implique la prise de risques qui varient de légers à moyens. La prise de risque est toutefois plus facile lorsque vous élaborez votre hiérarchie à partir de petits objectifs limités et que vous avancez progressivement.

Faire face à la résistance

Le fait de vous exposer à une situation que vous évitiez pourra susciter une certaine résistance. Remarquez si vous retardez le début de vos séances d'exposition ou si vous avez tendance à la procrastination. La seule pensée d'entrer dans une situation phobique peut créer une forte anxiété, une peur de se sentir enfermé, ou faire surgir des énoncés autodestructeurs tels que « je n'y arriverai jamais » ou « c'est sans espoir ». Plutôt que de rester emprisonné dans la résistance, essayez de considérer le processus de désensibilisation comme une occasion thérapeutique importante. Parlez-vous et dites-vous à quel point votre vie et vos relations s'amélioreront lorsque vous ne serez plus terrassé par vos phobies. Lorsque la résistance initiale à l'exposition à la vie réelle est vaincue, la suite devient plus facile. Si vous avez des problèmes de résistance à ce point, vous souhaiterez peut-être consulter un thérapeute qui connaît la thérapie par l'exposition.

Soyez prêt à subir un certain inconfort

Il est inévitable de ressentir une certaine anxiété au cours du processus de désensibilisation. Au départ, vous vous sentirez peut-être même plus mal encore. Reconnaissez que le fait de vous sentir plus mal fait partie du processus d'établissement des bases qui vous permettront de mieux vous sentir. Plus vous excellez à pratiquer l'exposition, plus vos séances deviendront faciles et plus vous aurez de confiance en vous pour aller jusqu'au bout du processus.

Évitez l'immersion et soyez prêt à reculer

Au cours du processus de désensibilisation, vous contrôlez l'intensité et la durée de votre exposition aux situations qui vous effraient. Soyez toujours prêt à interrompre temporairement la session si votre anxiété devient trop envahissante (au-delà du niveau 4, sur l'échelle d'anxiété). Attendez d'avoir récupéré avant de vous confronter à nouveau à une situation phobique. L'immersion, ou surexposition, peut aller jusqu'à vous resensibiliser à la situation phobique.

Solutions de rechange

Supposons que votre pratique se passe dans un ascenseur et que le pire se produit : il s'arrête entre deux étages. Ou supposons que vous conduisiez sur l'autoroute et que vous commencez à paniquer alors que vous êtes loin d'une sortie. Lorsque c'est possible, il est préférable de se prémunir contre ces pires scénarios. Dans le premier exemple, donnez-vous de l'assurance en pratiquant dans un ascenseur équipé d'un téléphone d'urgence qui fonctionne.

Dans le cas de l'autoroute, dites-vous d'avance que vous pourrez procéder à un recul temporaire en vous arrêtant sur l'accotement ou en conduisant plus lentement avec vos feux de détresse allumés, jusqu'à ce que vous atteigniez une sortie. Si vous prévoyez vous trouver dans une situation qui ne comporte pas de sortie de secours, apportez un baladeur, avec une cassette ou un disque de relaxation, ou un téléphone cellulaire.

Écoutez votre propre rythme

Il est important de ne pas considérer l'exposition comme une sorte de course. L'objectif n'est pas de déterminer à quelle vitesse vous pouvez surmonter le problème. Si vous vous mettez de la pression pour arriver rapidement au but, vous risquez de vous resensibiliser à votre phobie.

Récompensez-vous pour chaque petite réussite

Une récompense pour chaque petite réussite vous aidera à garder votre motivation et à poursuivre la pratique. Par exemple, une légère progression dans un échelon par rapport à la veille mérite une petite récompense. Offrez-vous un nouveau vêtement ou un repas au restaurant.

Le fait d'être capable de rester dans la situation un peu plus longtemps ou d'être capable de tolérer des sensations anxieuses pour quelques moments de plus mérite également une récompense.

Apprenez à faire face aux stades précoces de la panique

Si vous êtes incapable de vous retirer facilement d'une situation, utilisez une des techniques de prise en charge que vous avez apprises dans les précédents chapitres. N'oubliez pas de maintenir une attitude globale qui permet à votre corps d'épouser plutôt que de rejeter les sensations qu'il éprouve. Si vous ressentez malgré tout le besoin de vous retirer, faites-le

Utilisez des énoncés de prise en charge positifs

Utilisez l'un ou l'autre de ces énoncés de prise en charge avant ou pendant votre séance d'exposition :

C'est pour moi une occasion d'apprendre à être à l'aise dans cette situation.

Faire face à ma peur de _____ est le meilleur moyen de surmonter mon anxiété à son sujet.

Chaque fois que je choisis de faire face à _____, je fais un nouveau pas vers ma libération de la peur.

En faisant maintenant ce pas, je me rapproche de mon objectif.

Je sais que je me sentirai mieux lorsque je serai au coeur de la situation.

Il existe toujours un moyen de se retirer de la situation en cas de besoin.

J'ai géré une situation semblable dans le passé et je peux la gérer encore aujourd'hui.

Seule ma pensée peut me donner l'impression de me sentir emprisonné. Je peux modifier ma pensée et me sentir libre.

Rien de grave ne m'arrivera.

Ce n'est pas aussi grave que je l'avais imaginé.

Plus je pratiquerai, plus ça deviendra facile.

L'anxiété que je ressens m'incite à utiliser mes capacités de prise en charge.

Ces sentiments s'estomperont et rien de fâcheux ne m'arrivera.

Ce n'est que l'adrénaline, ça passera.

Ce ne sont que des pensées, ce n'est pas la réalité.

Rien de ce qui a rapport avec cette sensation ou ce sentiment n'est dangereux.

Je peux y arriver.

Vous souhaiterez peut-être noter certains de ces énoncés sur une fiche que vous apporterez avec vous lors de vos pratiques.

Pratiquez régulièrement

Idéalement, vous devriez pratiquer la désensibilisation réelle de trois à cinq minutes par semaine. Des séances pratiques plus longues, comprenant plusieurs essais d'exposition à votre situation phobique, produisent des résultats plus rapides que les séances plus courtes. Tant que vous vous retirez au bon moment, il est impossible de subir une trop grande exposition lors d'une pratique donnée (le pire qui puisse arriver est que vous vous sentiez fatigué ou épuisé). La pratique régulière et fréquente est la clé d'une exposition réussie.

Prévoyez et sachez comment faire face aux reculs

Le fait de ne pas être en mesure de tolérer une aussi grande exposition à une situation que dans le passé fait partie du processus normal de guérison. La guérison n'est tout simplement pas linéaire. Elle est jalonnée de plateaux et de régressions ainsi que de progressions. Les reculs sont une part intégrante du processus de guérison. Par-dessus tout, ne laissez pas un léger recul vous décourager de pratiquer davantage. Dites-vous que ce n'était qu'une mauvaise journée ou une mauvaise semaine et profitez de l'expérience.

Soyez prêt à faire l'expérience d'émotions fortes

Faire face aux situations phobiques que vous évitiez depuis longtemps soulève des sentiments refoulés non seulement d'anxiété, mais de colère et de peine également. Acceptez-les comme normaux et faisant partie du processus de guérison. Dites-vous que c'est normal d'éprouver ces sentiments, même si vous n'êtes pas à l'aise avec eux.

Jusqu'à la fin

Terminer la thérapie par l'exposition signifie que vous avez atteint un point où vous n'avez plus peur de l'anxiété, peu importe la situation qui posait un problème jusque là. Évidemment, cela ne comprend pas les situations extrêmes que quiconque craindrait. Le processus de guérison prend normalement de un mois à un an, selon le nombre de phobies que vous tentez de contrôler et la fréquence à laquelle vous pratiquez. Même si vous êtes à l'aise avec la plupart des situations, mais que vous restez craintif dans une ou deux d'entre elles, ce n'est pas suffisant. Pour vous libérer à long terme de vos phobies, vous devez continuer de travailler jusqu'à ce que vous puissiez vous retrouver dans toute situation considérée sécuritaire par les gens qui ne souffrent pas de phobies et que vous puissiez considérer vos réactions anxieuses comme gérables et sans danger.

Finis les accessoires et les béquilles

Aux premiers stades d'une exposition, l'emploi de « béquilles » comme un aidant, des calmants ou un objet sécurisant tel un porte-bonheur ou un téléphone cellulaire peuvent s'avérer nécessaires et pratiques pour aider à diminuer l'anxiété. Si votre objectif est seulement d'être capable de faire face à des situations difficiles comme conduire sur l'autoroute, prendre l'avion ou parler en public, vous choisirez peut-être de continuer de vous fier à de telles ressources pour une période indéfinie. Par contre, si votre objectif est de vaincre complètement votre peur, vous devrez abandonner éventuellement toute béquille.

Désensibilisation systématique (ou par imagerie)

Et si vous ne pouviez faire face à votre peur dans la vraie vie? Par exemple, si vous avez peur de prendre place sur un avion long-courrier, l'exposition répétée dans la vraie vie n'est pas une option pratique. En pratiquant une technique appelée désensibilisation systématique, vous pouvez éliminer ce type de phobie. Comme l'exposition réelle, elle repose sur une hiérarchie d'échelons produisant l'anxiété de façon progressive. La différence est que vous visualisez vos gestes plutôt que de les exécuter dans la vraie vie. Parfois, la désensibilisation systématique peut être utile avant de faire face à une situation phobique par exposition réelle.

Lignes directrices de la désensibilisation systématique

Pour concevoir votre désensibilisation par imagerie, choisissez une situation phobique particulière sur laquelle vous souhaitez travailler : prendre l'avion par exemple. Puis créez votre hiérarchie. Imaginez-vous devoir faire face à cette situation d'une façon très limitée, d'une façon qui vous met relativement à l'aise. Vous pouvez créer ce scénario en vous imaginant à l'écart, dans l'espace ou dans le temps, d'une exposition complète à la situation. Par exemple, vous pouvez vous imaginer stationner devant l'aéroport sans y entrer, ou vous voir un mois avant de prendre l'avion. Vous pouvez encore rendre la situation moins difficile en vous visualisant avec votre aidant à vos côtés. Essayez ces moyens pour provoquer un épisode très léger de votre phobie et désignez-le comme premier échelon de votre hiérarchie.

Imaginez ce que serait la scène la plus redoutable ou la plus forte par rapport à votre phobie et placez-la à l'autre extrémité de votre hiérarchie. En ce qui concerne la peur de prendre l'avion, un tel échelon peut impliquer de monter à bord d'un avion long-courrier ou d'essuyer de violentes turbulences. Prenez maintenant le temps d'imaginer huit scènes ou plus d'intensité progressive en rapport avec votre phobie et classez-les selon leur potentiel producteur d'anxiété. Des scènes intermédiaires pour le vol pourraient inclure l'embarquement, le moment où l'agent de bord verrouille la porte, le décollage, etc.

Si vous planifiez faire éventuellement face à la peur dans la vie de tous les jours, il est souhaitable que ces scènes correspondent à des choses que vous ferez réellement. Placez les scènes en ordre ascendant entre deux extrêmes déjà définis.

Procédure de base
pour la désensibilisation systématique

1. Prenez quelques minutes pour vous détendre. Utilisez la relaxation musculaire progressive ou toute autre technique de relaxation qui vous convient.

2. Imaginez-vous dans une scène paisible. Choisissez un endroit relaxant que vous pouvez facilement visualiser. Ce peut être une scène extérieure (par exemple une plage, une prairie ou des montagnes), intérieure (confortablement installé devant un foyer) ou qui provient de votre imagination. Avant tout, ce doit être un endroit où vous vous sentez en sécurité. Passez-y environ une minute.

3. Imaginez-vous au premier échelon de la hiérarchie de votre phobie. Restez-y pendant trente secondes à une minute, en essayant de tout imaginer avec autant de détails que possible, comme si vous y

étiez. Imaginez-vous agir calmement et en toute confiance, et vous sentant comme tel. Si vous ressentez peu ou pas d'anxiété, passez à l'échelon suivant de votre hiérarchie.

4. Par ailleurs, si vous éprouvez une anxiété légère à modérée, tentez de rester de trente secondes à une minute dans la scène et permettez-vous de vous y détendre. Vous pouvez le faire en inspirant et en expirant toute sensation anxieuse de votre corps ou en répétant une affirmation apaisante comme « je suis calme et à l'aise ». Imaginez-vous vivre la situation dans le calme et la confiance.

5. Après une minute d'exposition, retirez-vous de la scène phobique et retournez à votre scène paisible. Passez-y environ une minute ou juste assez longtemps pour vous sentir complètement détendu. Répétez ensuite votre visualisation de la même scène phobique, et ce, jusqu'à l'étape 4 de la procédure de base, pendant trente secondes à une minute. Continuez d'alterner entre une scène phobique donnée et votre scène paisible (environ une minute chacune), jusqu'à ce que la scène phobique perde sa faculté de produire de l'anxiété. Vous êtes alors prêt à passer à l'échelon suivant de votre hiérarchie.

6. Si la visualisation d'une scène en particulier provoque une forte anxiété, spécialement si vous sentez la panique vous envahir (consultez l'échelle d'anxiété de ce chapitre), n'y passez pas plus de dix secondes. Retirez-vous immédiatement dans votre scène paisible et restez-y jusqu'à ce que vous soyez complètement détendu. Exposez-vous progressivement

à des scènes plus difficiles, en alternant de courts intervalles d'exposition et de retraite dans votre scène paisible. Si un échelon particulier de votre hiérarchie continue de poser un problème, vous devrez probablement ajouter un échelon de difficulté intermédiaire entre la dernière étape réalisée avec succès et celle qui soulève le problème.

7. Continuez de progresser dans votre hiérarchie, échelon par échelon. En règle générale, vous aurez besoin d'au moins deux expositions à une même scène pour réduire l'anxiété qui y est liée. Gardez en tête qu'il est important de ne pas passer à un échelon supérieur avant de se sentir à l'aise avec l'échelon précédent. Pratiquez la désensibilisation systématique pendant quinze à vingt minutes chaque jour. Commencez chaque session non pas par un nouvel échelon, mais plutôt par le dernier réussi. Passez ensuite à un nouvel échelon.

CINQUIÈME

CHAPITRE

Faites de l'exercice régulièrement

À la fin de ce chapitre vous saurez comment :

- Maximiser les effets anxiolytiques de l'exercice.
- Développer un programme d'exercice qui correspond le mieux à vos besoins.
- Contrer les excuses communes pour ne pas faire d'exercice.

Vous pouvez courir (ou nager si vous préférez) pour éliminer vos peurs

L'exercice régulier et soutenu est une des méthodes les plus puissantes et efficaces pour réduire l'anxiété. Lorsque vous éprouvez de l'anxiété, la réaction de défense naturelle de votre corps, c'est-à-dire l'augmentation soudaine d'adrénaline en réponse à une menace, devient excessive. L'exercice est un échappatoire naturel pour votre corps lorsque celui-ci est en mode de défense. L'exercice régulier diminue également la tendance à développer l'anxiété d'anticipation en lien avec des situations phobiques, accélérant la guérison de tous les types de phobies.

L'exercice ne renforce pas que les muscles

L'exercice régulier a un effet direct sur plusieurs facteurs psychologiques sous-jacents à l'anxiété et renforce donc vos défenses contre l'anxiété. Parmi les avantages psychologiques :

- Réduction de la tension squeletto-musculaire qui est grandement responsable de la sensation de coincement ou de tension.

- Accélération du métabolisme des surplus d'adrénaline et de toxines dans le sang dont la présence a tendance à vous garder en état de veille et de vigilance.

- Libération de frustrations accumulées pouvant aggraver les réactions phobiques.

- Oxygénation améliorée du sang et du cerveau, ce qui augmente le sentiment d'alerte et la concentration.

- Stimulation de la production d'endorphines, substances naturelles ressemblant à la morphine dans leur composition chimique et dans leur effet, provoquant une sensation de bien-être.

- Hausse du taux de sérotonine dans le cerveau (un neurotransmetteur important) aidant à désamorcer les humeurs dépressives et l'anxiété.

- Baisse du pH (acidité accrue) dans le sang, ce qui augmente le niveau d'énergie.

- Meilleure circulation sanguine.

- Amélioration de la digestion et de l'assimilation de la nourriture.

- Meilleure élimination (par la peau, les poumons et les intestins).

- Baisse des niveaux de cholestérol.

- Diminution de la pression sanguine.

- Perte de poids ainsi que suppression de l'appétit, dans bien des cas.

- Régulation améliorée du taux de sucre dans le sang (dans le cas de l'hypoglycémie).

Plusieurs avantages psychologiques accompagnent ces changements physiques, y compris :

- Accroissement de la sensation de bien-être.

- Réduction de la dépendance à l'alcool et aux drogues.

- Réduction de l'insomnie.

- Amélioration de la concentration et de la mémoire.

- Réduction de la dépression.

- Accroissement de l'estime de soi.

- Accroissement de la sensation de contrôle sur l'anxiété.

Êtes-vous prêt à entreprendre un programme d'exercice ?

Certaines conditions physiques limitent la quantité et l'intensité d'exercice que vous pouvez faire. Posez-vous les huit questions suivantes avant d'entreprendre un programme d'exercice régulier. Si vous répondez oui à une de ces questions, consultez votre médecin avant d'entreprendre un programme d'exercice. Il vous recommandera peut-être d'en suivre un restreint ou supervisé qui convient davantage à vos besoins.

1. Votre médecin vous a-t-il déjà dit que vous aviez des problèmes cardiaques ?

2. Éprouvez-vous fréquemment de la douleur au coeur ou à la poitrine ?

3. Vous sentez-vous souvent faible ou pris d'étourdissements ?

4. Votre médecin vous a-t-il déjà dit que vous aviez un problème d'os ou d'articulations (par exemple l'arthrite) qui a été ou pourrait être aggravé par l'exercice ?

5. Un médecin vous a-t-il déjà dit que votre pression sanguine était trop élevée ?

6. Souffrez-vous de diabète ?

7. Vous avez plus de quarante ans et vous n'êtes pas habitué à des exercices vigoureux ?

8. Existe-t-il une raison physique, non mentionnée ici, pour laquelle vous ne devriez pas entreprendre un programme d'exercice ?

Si vous avez répondu non à toutes ces questions, vous pouvez raisonnablement croire que vous êtes prêt à entreprendre un programme d'exercice physique. Débutez lentement et augmentez progressivement l'activité sur une période de plusieurs semaines. Si vous avez plus de quarante ans et que vous n'êtes pas habitué à l'exercice physique, voyez votre médecin pour passer un examen avant d'entreprendre un programme d'exercice. Il pourrait aussi être utile de pratiquer l'exercice avec un aidant, du moins au début. Si vous ressentez une phobie par rapport à l'exercice, un programme d'exposition graduelle vous aidera à vous désensibiliser, comme vous le feriez avec tout autre type de phobie (voir chapitre 4).

Optimiser les effets anti-anxiété de l'exercice

L'exercice doit être suffisamment régulier, intense et soutenu pour avoir un effet notable sur l'anxiété. Ciblez les critères suivants :

- Idéalement, l'exercice devrait être aérobique.

- La fréquence optimale est de quatre ou cinq fois par semaine.

- Le durée optimale est de vingt à trente minutes ou plus par séance.

- L'intensité optimale de l'exercice aérobique est un

rythme cardiaque de (220 – votre âge) x 0,75 pendant au moins dix minutes.

Échelle de pulsations aérobiques par âge

Âge	Rythme des pulsations cardiaques
20-29	145-164
30-39	138-156
40-49	130-148
50-59	122-140
60-69	116-132

Il faut éviter de faire de l'exercice seulement une fois par semaine. Les périodes occasionnelles d'activité intense stressent le corps et risquent de vous nuire plus qu'elles ne vous feront de bien (la marche étant une exception).

Faites de l'exercice selon vos besoins

Les formes d'exercice que vous choisissez dépendent de vos objectifs. Pour réduire l'anxiété, l'exercice aérobique est normalement le plus efficace. L'exercice aérobique exige une activité soutenue de vos plus grands muscles. Il réduit la tension musculaire et augmente le conditionnement cardiovasculaire, c'est-à-dire la capacité de votre système circulatoire à oxygéner plus efficacement vos tissus et vos cellules. L'exercice aérobique régulier réduira le stress et augmentera votre résistance. Parmi les exercices aérobiques les plus communs, il y a la course ou le jogging, la nage libre, les cours d'aérobie, le cyclisme intense et la marche rapide.

Au delà de la condition aérobique, d'autres objectifs vous poussent peut-être vers l'exercice. Si une force musculaire accrue est importante pour vous, vous pouvez ajouter l'haltérophilie ou les exercices de flexion isométrique dans votre programme. Si vous avez des problèmes cardiaques ou souffrez d'angine, vous ne devriez probablement pas vous consacrer à l'haltérophilie ou au culturisme. Tout exercice impliquant des étirements, par exemple la danse ou le yoga, est idéal pour développer la flexibilité musculaire et constitue un bon complément à l'exercice aérobique. Si vous souhaitez perdre du poids, le jogging ou le vélo sont probablement les activités physiques les plus efficaces. S'il est important pour vous d'évacuer l'agressivité et la frustration, essayez les sports de compétition.

Enfin, si vous souhaitez uniquement sortir pour profiter de la nature, la randonnée pédestre ou le jardinage serait approprié. La randonnée pédestre intense peut augmenter votre force et votre endurance.

Plusieurs personnes préfèrent varier le type d'exercice. La pratique de deux différentes formes d'exercices ou plus en alternance est souvent appelée « entraînement en parcours ». Cela vous donne l'occasion de développer une condition physique plus équilibrée en exerçant différents groupes musculaires. Les combinaisons les plus populaires impliquent de faire un type d'exercice aérobique tel le jogging ou le vélo trois ou quatre fois par semaine et un exercice de socialisation (comme le golf) ou un exercice de culturisme, deux fois par semaine. Un programme qui comprend deux types d'exercices distincts permet d'éviter que l'un ou l'autre devienne ennuyant.

Voici de brèves descriptions de quelques-uns des types d'exercice aérobiques les plus communs. Chaque type comporte ses avantages et ses désavantages.

Course à pied

Pendant plusieurs années, le jogging et la course à pied ont été la forme la plus populaire d'exercice aérobique, probablement en raison du côté pratique d'un tel exercice. Vous n'avez besoin que de souliers de course et, dans bien des cas, vous n'avez qu'à sortir de la maison pour vous y adonner. La course est une des meilleures formes d'exercice pour perdre du poids puisqu'elle brûle les calories rapidement. De nombreuses études ont démontré ses avantages pour la dépression puisqu'elle augmente les taux d'endorphine et de sérotonine dans le cerveau. Courir diminue l'anxiété en métabolisant le surplus d'adrénaline et en relâchant la tension des muscles du squelette. Un jogging d'environ 5 km (environ trente minutes), quatre ou cinq fois par semaine, peut vous rendre de fiers services en ce qui concerne la diminution de votre vulnérabilité à l'anxiété. Essayez de courir à un rythme d'environ 1,6 km toutes les douze minutes.

L'inconvénient de la course est que, à la longue, elle peut augmenter vos risques et blessures. En particulier, si vous courez sur des surfaces dures, le choc continuel de vos articulations peut causer des problèmes aux pieds, aux genoux ou au dos. Vous pouvez minimiser le risque de blessures en:

- utilisant de bonnes chaussures, celles qui minimisent le choc sur vos articulations;

- courant sur des surfaces moins dures, de préférence sur l'herbe, sur une piste ou sur le sable durci. Évitez le ciment si possible. L'asphalte peut convenir si vous avez de bonnes chaussures et que vous ne courez pas tous les jours;

- réchauffez-vous avant de commencer. Allez-y lentement pendant une minute ou deux;

- alternez le jogging avec d'autres formes d'exercices. Évitez de courir tous les jours.

Si le fait de courir à l'extérieur est un problème en raison de la température, de l'absence d'une surface moins dure, du smog ou de la circulation automobile, vous souhaiterez peut-être investir dans un tapis roulant. Pour rendre l'exercice moins ennuyant, placez-le devant le téléviseur.

Natation

La natation est un exercice particulièrement intéressant parce qu'elle fait appel à plusieurs muscles du corps. Les médecins la recommandent normalement aux gens qui ont des problèmes musculo-squelettiques, des blessures ou qui souffrent d'arthrite parce qu'elle minimise les chocs aux articulations. Elle ne favorise pas autant la perte de poids que la course, mais elle contribue à raffermir le corps.

Pour un conditionnement de niveau aérobique, il est préférable de pratiquer le style libre pendant vingt à trente minutes, de préférence quatre ou cinq fois par semaine. Pour un exercice modéré et relaxant, la brasse est une alternative acceptable. Il est d'ailleurs préférable de s'exercer dans une piscine chauffée dont la température de l'eau se situe entre 24 °C et 27 °C (75 °F et 80 °F).

L'inconvénient de la natation est que l'eau de plusieurs piscines est très chlorée. Ceci peut irriter les yeux, la peau ou les cheveux ainsi que les muqueuses des voies respiratoires supérieures. Vous pouvez pallier certains inconvénients en portant des lunettes et un pince-nez. Si vous avez de la chance, vous trouverez peut-être même une piscine qui désinfecte l'eau avec du peroxyde d'hydrogène ou par ozonisation.

Si la piscine que vous utilisez est chlorée, il est conseillé de vous doucher et de vous laver au savon après la baignade.

Cyclisme

Le cyclisme est devenu une forme très populaire d'exercice aérobique au cours des dernières années. Même s'il partage plusieurs avantages communs avec le jogging, il est moins dommageable pour les articulations. Pour devenir un conditionnement aérobique, le cyclisme doit être pratiqué à un rythme vigoureux : environ 24 km/h ou plus, sur une surface plane. Lorsque la température le permet, le cyclisme est plus qu'agréable, en particulier si votre environnement est enchanteur et que la circulation automobile y est réduite, ou que vous avez accès à une piste cyclable. Si la température ne permet pas le cyclisme, vous aurez besoin d'un vélo stationnaire à la maison, préférablement installé devant le téléviseur.

Si vous choisissez le cyclisme à l'extérieur, vous devrez investir dans un bon vélo. Mais rien ne vous empêche d'en emprunter un pour débuter afin de déterminer si vous aimez suffisamment ce type d'activité physique avant de dépenser plusieurs centaines de dollars pour l'achat d'un vélo. Assurez-vous que le vélo que vous achetez soit conçu pour votre corps et qu'il est de la bonne taille sans quoi vous aurez des problèmes. Une selle bien rembourrée constitue également un bon investissement.

Lorsque vous débutez, accordez-vous quelques mois avant de passer au rythme de croisière de 24 km/h, soit

1,6 km aux 4 minutes. Une heure de cyclisme de trois à cinq fois par semaine est suffisant. Portez un casque et essayez d'éviter de circuler le soir.

Cours d'aérobie

La plupart des cours d'aérobie comprennent des exercices d'étirement et des exercices aérobiques et sont donnés par un professeur. Ces exercices sont normalement pratiqués au son de la musique. Les cours sont normalement offerts par les centres de conditionnement physique et répondent aux besoins des participants débutants, intermédiaires et avancés. Puisque certains exercices peuvent être traumatisants pour les articulations, essayez de trouver des cours de danse aérobique à faible impact. Le format structuré d'un cours d'aérobie peut être un excellent moyen de vous motiver à faire de l'exercice. Si vous faites preuve d'une grande motivation personnelle et préférez rester à la maison, il existe de nombreuses vidéos de danse aérobique sur le marché.

Si vous décidez de faire des exercices d'aérobie, assurez-vous de porter de bonnes chaussures qui stabilisent votre pied, absorbent les chocs et minimisent les torsions. Il est préférable, dans la mesure du possible, d'exécuter ces exercices sur une surface de bois et d'éviter les tapis épais. Environ quarante-cinq minutes à une heure d'exercice (y compris la période d'échauffement), de trois à cinq fois par semaine suffisent.

Marche

La marche comporte des avantages par rapport aux autres formes d'exercice. Premièrement, elle ne requiert aucun entraînement : vous savez déjà comment faire ! Deuxièmement, elle ne requiert aucun équipement, sinon une paire de chaussures confortables, et elle peut être pratiquée partout, même dans un centre commercial, au besoin. Les risques de blessures sont moindres que pour les autres types d'exercices. Enfin, c'est la forme d'activité la plus naturelle. Nous sommes tous naturellement portés vers la marche. Jusqu'à ce que nos sociétés deviennent sédentaires, elle faisait naturellement partie de la vie de tous les jours.

Marcher pour relaxer et pour se distraire, c'est une chose ; marcher pour réaliser un conditionnement aérobique, c'est différent. Pour que la marche ait des qualités aérobiques, prévoyez marcher environ une heure à un rythme suffisant pour couvrir une distance de 5 km. Une marche de vingt à trente minutes n'est normalement pas suffisante pour obtenir un conditionnement de niveau aérobique. Si la marche devient votre forme régulière d'exercice, pratiquez-la quatre ou cinq fois par semaine, de préférence à l'extérieur. Si vous considérez qu'une heure de marche rapide n'est pas suffisante, essayez de marcher avec des poids aux mains ou trouvez un endroit qui comporte des dénivellations. Les tapis roulants intérieurs peuvent être ajustés pour que la marche soit aérobique.

Pour tirer le plus d'avantages possible de la marche, une bonne posture est importante. S'il est pour vous naturel de balancer vos bras de chaque côté de vos jambes, vous obtiendrez un « conditionnement trans-latéral » qui vous aidera à intégrer les hémisphères gauche et droit de votre cerveau. De bons souliers de marches sont également importants. Achetez des souliers dont les semelles intérieures sont rembourrées, qui supportent bien l'arche et offrent un support ferme au talon.

Dès que vous êtes suffisamment à l'aise pour marcher 5 ou 6 km sans vous arrêter, considérez faire des voyages de randonnées d'une journée ou plus à la campagne, dans une autre région ou dans les parcs nationaux. La randonnée pédestre peut revitaliser votre esprit tout autant que votre corps.

Exercez votre droit d'avoir du plaisir

L'exercice devrait toujours être intéressant et agréable. Il est important de vous assurer qu'il le demeure pour que vous ne l'abandonniez pas. Plusieurs possibilités s'offrent à vous. Si vous n'êtes pas limité à l'intérieur, allez dehors, de préférence dans un environnement naturel agréable comme un parc ou, encore mieux, à la campagne. Si vous pratiquez un type d'exercice solitaire comme la natation, le cyclisme ou le jogging, essayez de trouver un compagnon qui pourrait se joindre à vous de temps à autre. Si vous devez faire de l'exercice à l'intérieur en raison de restrictions personnelles ou du climat, mettez de la musique ou regardez une cassette vidéo pendant que vous vous exercez sur votre vélo stationnaire ou sur votre tapis roulant. Certaines personnes profitent même de leur période d'exercice pour apprendre des nouvelles langues !

Ne laissez pas les excuses freiner vos activités

Avez-vous remarqué à quel point votre imagination devient soudainement très fertile lorsque vient le temps de trouver des excuses pour ne pas faire d'exercice ? Si c'est le cas, vous n'êtes pas seul, mais ça ne signifie pas que vous devriez succomber à ces excuses et les laisser vous couper l'inspiration. Vous trouverez ci-dessous la liste des excuses les plus fréquentes pour éviter de faire de l'exercice ainsi que les façons de les éviter.

« **Je n'ai pas assez de temps.** » Ce que vous dites en réalité, c'est que vous n'êtes pas prêt à trouver du temps. Vous n'accordez pas suffisamment d'importance à l'amélioration de votre condition physique, de votre bien-être et à un contrôle amélioré de l'anxiété dont vous pourriez bénéficier grâce à l'exercice. Le problème n'en est pas un de temps, mais bien de priorités.

« **Je suis trop fatigué pour faire de l'exercice.** » Une solution serait de faire de l'exercice avant d'aller travailler, ou pendant l'heure du lunch, plutôt qu'à la fin de la journée. Si c'est impossible, n'abandonnez pas pour autant. Les gens qui ne font pas d'exercice ne réalisent pas que de faire de l'exercice de façon modérée peut vraiment vaincre la fatigue.

Plusieurs personnes font de l'exercice même si elles se sentent fatiguées. Elles se sentent par la suite régénérées et énergisées. Les choses iront rondement dès que vous aurez dépassé le stade initial de l'inertie qui précède le début de tout programme d'exercice.

« **L'exercice est ennuyant, ce n'est pas agréable.** » Est-ce vrai que toutes les activités décrites plus tôt sont ennuyantes ? Les avez-vous toutes essayées ? Peut-être auriez-vous du plaisir à faire de l'exercice avec une autre personne ? Ou peut-être avez-vous besoin d'alterner deux types d'exercices afin de stimuler votre intérêt. L'exercice peut devenir très agréable après seulement quelques mois alors qu'il devient profitable en soi, même s'il a pu sembler difficile au début.

« C'est trop peu pratique de devoir sortir pour faire de l'exercice. » Ce n'est pas un problème puisqu'il existe plusieurs moyens de pratiquer des exercices efficaces dans le confort de votre foyer. Le vélo stationnaire et le tapis roulant sont devenus des appareils très populaires et vous n'avez besoin que de vingt minutes sur l'un ou l'autre pour obtenir de bons résultats. Si cela vous semble ennuyant, essayez de faire de l'exercice avec un baladeur ou placez votre appareil devant le téléviseur. L'exercice aérobique à la maison peut aussi être pratique et agréable si vous avez un magnétoscope ou un lecteur vidéodisques. Les vidéos de danse aérobique à faible impact de Jane Fonda sont idéales pour commencer. Parmi les autres activités intérieures à envisager il y a sauter sur un capteur de rebonds, la callisthénie, l'utilisation d'un rameur ou d'un gym multi-accessoires avec poids réglables. Des émissions d'exercices sont également diffusées à la télévision tôt le matin. Si vous ne pouvez vous permettre d'acheter de l'équipement d'exercice ou un magnétoscope ou un lecteur de vidéodisques, mettez de la musique et dansez pendant vingt minutes. Bref, il est toujours possible de poursuivre un programme d'exercice adéquat sans quitter votre maison.

« L'exercice provoque une accumulation d'acide lactique. N'est-ce pas vrai que cela peut causer des crises de panique ? » Il est vrai que l'exercice augmente la production d'acide lactique et que l'acide lactique peut favoriser les crises de panique chez certaines personnes qui y sont déjà sujettes. Cependant, l'exercice régulier augmente également le renouvellement de l'oxygène dans votre corps. Le renouvellement de l'oxygène est la capacité de votre corps à oxyder les substances dont il n'a pas besoin, y compris l'acide lactique. Toute augmentation d'acide lactique produit par l'exercice sera neutralisée par la capacité accrue de votre corps de l'éliminer. L'effet net de l'exercice régulier est une réduction globale de la tendance de votre corps à accumuler l'acide lactique.

« J'ai plus de 40 ans, je suis trop vieux pour commencer à faire de l'exercice. » À moins que votre médecin ne vous donne une raison médicale évidente pour ne pas faire d'exercice, l'âge n'est jamais une bonne excuse. Avec de la patience et de la persévérance, il est possible d'obtenir une excellente forme physique à presque n'importe quel âge.

« J'ai un trop grand surplus de poids et suis en trop mauvaise forme » ou **« j'ai peur de faire un infarctus si j'impose le stress d'un exercice trop vigoureux à mon corps ».** Si vous avez des raisons physiques de vous inquiéter à propos de votre cœur, concevez un programme d'exercice avec l'aide de votre médecin. La marche rapide est un exercice sécuritaire pour presque tout le monde. Elle est même considérée par certains médecins comme l'exercice idéal puisqu'elle cause rarement des blessures aux muscles et aux os. La natation est également sécuritaire si vous n'êtes pas en forme ou que vous souffrez d'un surplus de poids. Soyez sensé et réaliste lors du choix de votre programme d'exercice. Ce qui importe, c'est d'être cohérent et déterminé, que votre programme se résume à une heure de marche chaque jour ou qu'il s'agisse d'un entraînement pour un marathon.

« J'ai déjà essayé de faire de l'exercice et cela n'a pas fonctionné. » La question à poser est la suivante : pourquoi cela n'a-t-il pas fonctionné ? Avez-vous commencé trop rapidement et vigoureusement? Vous êtes-vous découragé? Vous êtes-vous arrêté aux douleurs et aux maux initiaux? Vous sentiez-vous seul parce que vous pratiquiez vos exercices en solitaire? Il est peut-être temps de vous donner une seconde chance qui vous permettra de découvrir tous les avantages physiques et psychologiques d'un programme d'exercice régulier.

L'exercice régulier est un élément essentiel d'un programme complet pour surmonter l'anxiété, l'inquiétude et les phobies dont il est question dans ce livre. Si vous combinez de l'exercice aérobique et un programme de relaxation profonde, vous obtiendrez une réduction substantielle de votre anxiété. L'exercice et la relaxation profonde sont les deux méthodes les plus efficaces pour modifier la prédisposition héréditaire biochimique à l'anxiété, cette portion de votre anxiété avec laquelle vous êtes née, contrairement à celle que vous avez acquise.

CHAPITRE

Mangez bien, soyez plus calme

À la fin de ce chapitre vous saurez comment :

- Diminuer votre consommation de caféine.
- Minimiser votre consommation de sucre et gérer l'hypoglycémie.
- Choisir des plantes médicinales relaxantes.

Motifs d'anxiété

La consommation de caféine, en particulier sous la forme de café, est endémique dans notre culture et correspond même à un certain rite de passage. Pour plusieurs, cette « tasse de café du matin » est une étape clé du cheminement vers la maturité et peut coïncider avec l'arrivée des responsabilités d'adulte. Même si elle est souvent considérée comme une aide pour faire face au stress, la caféine sous toutes ses formes peut favoriser les états physiologiques qui précipitent l'anxiété. En fait, parmi tous les coupables alimentaires, c'est le plus tristement célèbre. La caféine augmente le taux du neurotransmetteur appelé noradrénaline dans votre cerveau, ce qui vous laisse alerte et éveillé. Elle augmente également l'activité de votre système nerveux sympathique et, parallèlement, le taux d'adrénaline qui cause le stress.

De plus, la caféine dégrade la vitamine B_1 (thiamine), la vitamine anti-stress par excellence. Bref, trop de caféine peut vous laisser dans un état de tension chronique, un état d'alerte, donc plus vulnérable à l'anxiété.

Trop, c'est trop

En règle générale, vous devriez réduire votre consommation totale de caféine à moins de 100 mg par jour afin d'en minimiser l'effet qui provoque l'anxiété. Ceci se traduit par une tasse de café au percolateur ou un breuvage cola diète, au plus, par jour.

N'oubliez tout de même pas qu'il existe des différences individuelles immenses de sensibilité à la caféine. Il y a des gens qui peuvent boire cinq tasses de café par jour et ne ressentir que des effets minimes alors que d'autres sont agités après un seul cola ou une seule tasse de thé. Comme c'est le cas de toute drogue pouvant entraîner une dépendance, la consommation chronique de caféine mène à une tolérance accrue et à des symptômes de sevrage potentiels. Si vous avez toujours bu cinq tasses de café par jour et que vous passez soudainement à une tasse par jour, vous ressentirez peut-être des effets du sevrage comme la fatigue, la dépression et les maux de tête. Il est préférable de diminuer votre consommation progressivement, sur plusieurs mois. Par exemple, de cinq à quatre tasses par jour pendant un mois, puis de quatre à trois tasses par jour pendant le mois suivant, etc. Certaines personnes préfèrent passer au café décaféiné qui contient environ 4 mg de caféine par tasse, alors que d'autres adopteront les tisanes. Vous devrez donc peut-être faire quelques expériences pour déterminer quelle est votre consommation quotidienne optimale de caféine. Pour la plupart des personnes sujettes à l'anxiété, cette quantité est de moins de 100 mg par jour. Si vous souffrez de crises de panique, vous préférerez peut-être couper complètement la caféine.

Concentration de caféine
dans certains produits courants

Boissons chaudes	Caféine par tasse
Café filtre	146 mg
Café instantané	66 mg
Café au percolateur	110 mg
Cacao	13 mg
Café décaféiné	4 mg
Thé en feuilles, infusion de cinq minutes	40 mg
Sachet de thé, infusion de cinq minutes	46 mg
Sachet de thé, infusion d'une minute	28 mg

Boisson gazeuse	Caféine par cannette de 340 ml (12 oz)
Coca-Cola	65 mg
Dr Pepper diète	54 mg
Dr Pepper	61 mg
Mountain Dew	55 mg
Pepsi-Cola	43 mg
Tab	49 mg

Médicaments en vente libre	Caféine par comprimé
Anacin	32 mg
Caffedrine	200 mg
Empirin	32 mg
Excedrin	65 mg
Midol	132 mg
No-Doz	100 mg
Vanquish	33 mg
Vivarin	200 mg

Autre	
Chocolat	25 mg par friandise

Le sucre n'adoucit pas les choses

Croyez-vous en la réincarnation ? Si c'est le cas, nous pouvons vous dire une chose certaine à propos des vos anciennes vies : à moins d'être né dans la richesse, vous n'auriez pas eu l'occasion de consommer beaucoup de sucre. Certainement, vous n'auriez pas dévoré les 55 kg (120 lb) de sucre par an que l'Américain moyen consomme chaque année.

L'augmentation de la consommation de sucre a commencé au XXe siècle et a atteint des sommets inégalés dans l'Amérique actuelle. Un ou deux desserts et des collations remplies de sucre sont devenus des éléments normaux de notre régime alimentaire quotidien. De plus, le sucre est présent dans tout ce que nous mangeons ou presque, des vinaigrettes aux viandes transformées, jusqu'aux céréales et aux nombreuses boissons.

Les montagnes russes du sucre

Parce que nos corps ne sont pas équipés pour transformer rapidement des doses importantes de sucre, un déséquilibre chronique du métabolisme du sucre en est souvent le résultat. Pour certains, cela se traduit par des niveaux élevés de sucre dans le sang, ou diabète, dont la prévalence à atteint des sommets. Pour bien d'autres, le problème est à l'opposé : des chutes périodiques de la quantité de sucre dans le sang qui déclenchent une condition appelée « hypoglycémie ».

Faible taux de glycémie, anxiété élevée

Les symptômes de l'hypoglycémie ont tendance à apparaître lorsque votre taux de glycémie chute sous la barre des 50 à 60 mg/ml ou lorsqu'il chute soudainement d'un taux élevé à un taux faible. Normalement, cela se produit de deux à trois heures après un repas. Cela peut aussi se produire en réponse au stress puisque votre corps métabolise le sucre très rapidement lorsqu'il est sous stress. Les symptômes les plus communs de l'hypoglycémie sont :

- sensations ébrieuses (tête légère) ;

- nervosité ;

- tremblements ;

- impressions de manque d'assurance ou de faiblesse ;

- irritabilité ;

- palpitations.

Ces symptômes vous sont-ils familiers ? Ce sont aussi des symptômes de l'anxiété ! En fait, pour certains, les réactions anxieuses peuvent être causées par l'hypoglycémie. De façon générale, l'anxiété diminue après avoir mangé, ce qui provoque une augmentation du taux de glycémie. Un moyen informel et non clinique de diagnostiquer l'hypoglycémie est de déterminer si vous ressentez l'un de ces symptômes trois ou quatre heures après un repas et s'ils disparaissent dès que vous mangez.

Le taux de glycémie plonge lorsque le pancréas libère un surplus d'insuline. L'insuline est une hormone qui permet au sucre contenu dans le sang d'être absorbé par les cellules. C'est pourquoi elle est utilisée dans le traitement du diabète, afin d'abaisser le taux de glycémie. En hypoglycémie, le pancréas a tendance à produire trop d'insuline. Si vous ingérez trop de sucre, le taux peut en être temporairement élevé, suivi d'une chute, une demi-heure plus tard, alors que votre corps produit beaucoup d'insuline.

Ceci peut aussi se produire en réponse à un stress soudain ou chronique. Le stress peut provoquer une chute rapide du taux de glycémie. Vous ressentez alors de la confusion, de l'anxiété, des étourdissements et des tremblotements parce que votre cerveau ne reçoit pas suffisamment de sucre et qu'une réponse de stress secondaire se produit.

Lorsque le taux de glycémie est trop faible, vos glandes surrénales se mettent au travail et libèrent de l'adrénaline et du cortisol. Vous vous sentez alors plus anxieux et alerte. Le but spécifique de cette action est de provoquer votre foie à libérer le sucre emmagasiné pour rétablir votre taux de glycémie à une valeur normale. Les symptômes subjectifs de l'hypoglycémie naissent donc d'un déficit en sucre dans le sang et d'une réaction de stress secondaire de la part des glandes surrénales.

Vivre avec l'hypoglycémie

Comment vivre avec l'hypoglycémie? Heureusement, il est possible de surmonter les problèmes de faible taux de glycémie en effectuant quelques changements sur le plan alimentaire et en prenant certains suppléments.

Si vous pensez que vous souffrez d'hypoglycémie ou que vous avez reçu ce diagnostic, vous souhaiterez adopter les lignes directrices suivantes. Ce faisant, vous réduirez votre anxiété généralisée et augmenterez votre sentiment de sérénité. Vous remarquerez aussi peut-être que vous êtes moins porté vers la dépression et les sautes d'humeur.

Modifications alimentaires
pour l'hypoglycémie

- Éliminez, autant que possible, tous les types de sucres simples de votre alimentation, c'est-à-dire les aliments qui contiennent de façon évidente du sucre blanc, comme les bonbons, la crème glacée, les desserts et les boissons gazeuses. Il existe par contre des formes plus subtiles de sucre comme le dextrose, le maltose, le miel, le sirop de maïs à haute teneur en fructose, les édulcorants à base de maïs, la mélasse et le fructose concentré. Veillez à lire les étiquettes de tous les aliments transformés pour détecter ces différentes formes de sucre.

- Remplacez les sucreries par des fruits (sauf les fruits séchés dont la concentration en sucre est très élevée). Évitez les jus de fruits ou diluez-les avec une quantité égale d'eau.

- Réduisez ou éliminez les amidons simples tels que les pâtes alimentaires, les céréales raffinées, les croustilles, le riz blanc et le pain blanc. Remplacez-les par des glucides complexes tels les pains et les céréales à grains entiers, les légumineuses et le riz brun ou tout autres grains entiers.

- Prenez une collation composée de glucides complexes et de protéines (du thon et des craquelins ou des toasts à grains entiers et du fromage, par exemple) entre les repas, soit vers 10 h 30 ou 11 h, et en particulier autour de 16 h ou 17 h. Si vous vous réveillez vers 4 h ou 5 h, vous remarquerez qu'une petite collation peut vous aider à retrouver le sommeil pour quelques heures. À titre d'alternative aux collations entre les repas, vous pouvez essayer de prendre quatre ou cinq petits repas par jour toutes les deux ou trois heures. L'idée derrière ces solutions de rechange est de maintenir un taux de glycémie plus stable.

Suppléments

Le complexe vitaminique B, la vitamine C et le chrome chélaté (picolinate de chrome, souvent appelé facteur de tolérance au glucose) peuvent aussi aider à stabiliser le taux de glycémie. Le complexe vitaminique B et la vitamine C sont utiles pour augmenter votre résistance au stress. Les vitamines B contribuent également à réguler les processus métaboliques qui convertissent les glucides en sucre dans votre corps. Le chrome a un effet stabilisant direct sur le niveau de sucre dans votre sang. Ci-dessous se trouvent les lignes directrices pour la prise de ces suppléments.

Complexe vitaminique B: 25 à 100 mg des 11 vitamines B une fois par jour avec un repas.

Vitamin C: 1 000 mg, une ou deux fois par jours avec un repas.

Chrome trivalent organique (picolinate de chrome): 200 microgrammes par jour. Ces produits sont disponibles dans vos magasins d'aliments naturels locaux.

Consultez la section Ressources pour des suggestions de lecture sur l'hypoglycémie.

Rapprochez-vous du végétarisme

Un changement alimentaire qui vise à se rapprocher du végétarisme peut favoriser des dispositions plus calmes et moins anxieuses. Si vous avez l'habitude de manger de la viande, des produits laitiers et des oeufs, il n'est pas nécessaire, ou même recommandé, de rejeter toute source de protéines animales de votre alimentation. Si vous cessez de manger de la viande rouge, par exemple, ou limitez votre consommation de lait de vache (et utilisez du lait de soya ou de riz), cela peut avoir un effet perceptible et bénéfique.

De quelle façon le végétarisme peut-il favoriser le calme? La viande, la volaille, les produits laitiers et les oeufs, ainsi que le sucre et les farines raffinées sont des aliments acidogènes. Ces aliments ne sont pas nécessairement de composition acide mais, une fois métabolisés, ils laissent un résidu acide dans le corps, rendant le corps en soi plus acide. Cela peut créer deux types de problèmes:

1. Lorsque le corps est davantage acide, le temps nécessaire aux aliments pour qu'ils traversent le tube digestif peut augmenter au point où les vitamines et les minéraux ne sont pas adéquatement assimilés. Cette sous-absorption sélective des vitamines, en particulier des vitamines B, de la vitamine C ainsi que de certains minéraux peut subtilement ajouter au stress que subit le corps et mener à certaines carences. La prise de suppléments ne corrigera pas nécessairement le problème si vous n'êtes pas en mesure de les digérer et de les absorber adéquatement.

2. Les aliments acidogènes, en particulier les viandes, peuvent créer des produits de dégradation métabolique qui congestionnent le corps. C'est particulièrement vrai si vous êtes déjà stressé et

incapable de bien digérer les protéines. Résultat, vous aurez tendance à vous sentir sans entrain, plus fatigué et vous aurez peut-être un surplus de mucus ou des problèmes de sinus. Même s'il est vrai que cette congestion n'est pas identique à l'anxiété, elle peut certainement ajouter un stress au corps qui, à son tour, aggrave l'état de tension et d'anxiété. Plus votre corps est libre de la congestion causée par les aliments acidogènes, plus vous vous sentirez mieux et plus vous aurez les idées claires. Soyez aussi conscient que plusieurs médicaments produisent une réaction acide dans le corps et qu'ils peuvent causer les mêmes types de problèmes que les aliments acidogènes.

Pour maintenir un équilibre entre l'acidité et l'alcalinité dans le corps, il est préférable de réduire votre consommation d'aliments acidogènes. La plupart des aliments de source animale, le sucre et les farines raffinées sont acidogènes et augmentent le taux d'acidité. Parmi les aliments alcalins les plus connus, tous les légumes, la plupart des fruits (à l'exception des prunes et des raisins), les grains entiers comme le riz brun, le millet, le sarrasin et le germe de soja. Idéalement, environ cinquante à soixante pour cent des calories que vous consommez devraient provenir de ces aliments, même si l'hiver il est préférable d'ingérer un pourcentage légèrement plus élevé de protéines animales. Tentez d'inclure plus d'aliments alcalins dans votre alimentation et voyez si vous ressentez une différence. L'augmentation du nombre d'aliments alcalinogènes dans votre alimentation ne devrait pas provoquer de diminution de votre consommation de protéines.

Augmentez la quantité de protéines par rapport aux glucides que vous consommez

Jusqu'à récemment, la plupart des diététistes recommandaient de consommer une quantité élevée de glucides complexes (par exemple, des grains entiers, des pâtes et du pain) soit jusqu'à soixante-dix pour cent de l'apport calorifique total. L'idée prédominante voulait qu'une trop grande quantité de matières grasses favorisaient les maladies cardiovasculaires et que trop de protéines causaient une acidité et une toxicité excessives dans le corps. L'alimentation idéale, on le croyait, se divisait de la façon suivante : quinze à vingt pour cent de matières grasses, quinze à trente pour cent de protéines et le reste en glucides.

Au cours des dernières années cependant, il a été prouvé qu'il n'était pas nécessaire de manger des quantité aussi élevées de glucides. Les glucides sont utilisés par le corps pour produire du glucose, la forme de sucre que le corps et le cerveau utilisent comme carburant. Afin d'amener le glucose aux cellules, le pancréas sécrète de l'insuline. L'ingestion de grandes quantités de glucides signifie que votre corps produit des taux élevés d'insuline. Une trop grande quantité d'insuline a un effet négatif sur certaines fonctions de base des systèmes hormonaux et neuroendocriniens, en particulier ceux qui produisent la prostaglandine et la sérotonine.

Bref, l'ingestion de quantités élevées de sucreries, de céréales, de pain, de pâtes ou même de grains (tel le riz) ou de féculents (comme les carottes, le maïs et les pommes de terre) peut augmenter le taux d'insuline à un point qui déséquilibre d'autres fonctions métaboliques. Il ne faut pas éliminer les glucides complexes, mais plutôt les réduire proportionnellement aux quantités de protéines et de lipides consommés, sans augmenter pour autant le nombre total de calories ingérées. En adoptant ce principe, votre alimentation ne contiendra pas trop de gras ou de protéines.

Vous continuerez de consommer des gras et des protéines en quantité modérée, tout en diminuant proportionnellement la quantité de glucides qui accompagne chaque repas. Le rapport optimal est de trente pour cent de protéines, trente pour cent de matières grasses et quarante pour cent de glucides, avec des protéines et des gras de sources végétales plutôt que des sources animales.

De nombreuses études supportent la théorie selon laquelle il est préférable de réduire la proportion de glucides par rapport aux protéines et aux gras. Elles sont présentées par le Dr Barry Sears dans l'ouvrage *The Zone*, publié en 1995. L'anxiété et les troubles de l'humeur impliquent souvent des déficiences sur le plan des neurotransmetteurs, en particulier de la sérotonine. Le corps n'a aucun moyen de produire des neurotransmetteurs (la sérotonine en particulier) sans un apport stable d'acides aminés dérivés des protéines. Que vous soyez d'accord ou non avec l'approche du Dr Sears ou que vous choisissiez d'adopter le rapport 40:30:30 dans votre alimentation, je vous recommande fortement de consommer des protéines (de préférence du poisson, de la volaille biologique, du tofu, du tempeh, de la poudre de protéine ou des légumineuses et des grains) à chaque repas. Par ailleurs, n'ingérez pas plus de trente pour cent de protéines, particulièrement sous forme de viande, de poulet ou de poisson puisque des quantités supérieures auront tendance à produire trop d'acidité dans votre corps.

Faites l'essai de plantes médicinales relaxantes

Les remèdes à base de plantes médicinales font partie intégrante des soins de santé depuis des millénaires. En fait, environ vingt-cinq pour cent des médicaments prescrits actuellement comprennent des plantes médicinales.

Les traitements à base de plantes ont été très populaires en Europe et ont récemment capté l'intérêt du public en Amérique du Nord. La plupart des pharmacies offrent maintenant des assortiments de plantes médicinales qui traitent des conditions allant du simple rhume aux troubles de mémoire.

Les plantes médicinales ont tendance à agir plus lentement et doucement que les médicaments délivrés sur ordonnance. Si vous avez l'habitude des effets rapides et intenses d'un médicament comme Xanax, vous devrez être patient si vous décidez d'adopter une plante relaxante comme la valériane. Le principal avantage des plantes médicinales est qu'elles agissent naturellement, ce qui est en harmonie avec votre corps.

Elles n'imposent pas de changement biochimique précis, comme les médicaments le font.

De nombreuses plantes médicinales peuvent être utilisées pour contribuer à réduire l'anxiété. Même si elles ne sont pas aussi puissantes que les tranquillisants vendus sur ordonnance, elles produisent un certain effet relaxant. Le kava et la valériane sont probablement les mieux connus et les plus utilisés en ce moment. Parmi les autres plantes médicinales connues pour leurs effets relaxants, il y a la fleur de la passion, la véronique, le houblon, le centella asiatique et la camomille. Chacune de ces plantes peut être prise individuellement ou combinée à d'autres. La plupart des magasins d'aliments naturels et plusieurs pharmacies les offrent sous trois formes :

- en vrac, qui peuvent être infusées ;

- en capsules ou en comprimés ;

- en extraits liquides dans lesquels la plante distillée est préservée dans de l'alcool ou de la glycérine. Ils sont généralement vendus dans une petite bouteille avec compte-gouttes.

Vous souhaiterez peut-être faire l'essai des trois formes afin de déterminer celle que vous préférez.

Si les traitements à base de plantes médicinales comportent leurs avantages, il est important de se rappeler que ce n'est pas parce qu'ils sont naturels qu'ils sont pour autant sans danger. Avant d'essayer l'une ou l'autre des plantes mentionnées ci-dessous, ou tout autre traitement à base de plantes médicinales, consultez un médecin.

Kava

Le kava (ou kavakava) est un tranquillisant naturel qui est devenu très populaire en Amérique du Nord au cours des dernières années. Plusieurs personnes considèrent qu'il est presque aussi puissant que les tranquillisants vendus sur ordonnance comme Xanax. Les Polynésiens utilisent le kava depuis des siècles, aussi bien pendant les rites cérémoniaux qu'à titre de relaxant social. De petites doses produisent un état de bien-être alors que de fortes doses peuvent produire la léthargie, la somnolence et réduire la tension musculaire.

Quelques études ont démontré que le kava peut diminuer l'activité du système limbique, en particulier du corps amygdalien, un centre du cerveau associé à l'anxiété.

Les effets neurophysiologiques précis du kava ne sont pas connus en ce moment.

Le principal avantage du kava par rapport aux autres tranquillisants comme le Kanax ou le Klonopin est qu'il ne crée pas de dépendance. Il est également moins susceptible d'altérer la mémoire ou d'aggraver la dépression comme le font parfois les tranquillisants.

Lorsque vous achetez du kava, il est préférable d'obtenir un extrait standardisé comportant un pourcentage précis de kavalactone, l'ingrédient actif. Le pourcentage de kavalactone peut varier entre trente et soixante-dix pour cent. Si vous multipliez le nombre total de milligrammes de kava dans chaque capsule ou comprimé par le pourcentage de kavalactone, vous obtiendrez la puissance réelle de la dose. Par exemple, une captule de 200 mg contenant soixante-dix pour cent de kavalactone constituerait une dose de 140 mg.

La plupart des suppléments de kava vendus à votre boutique d'aliments naturels contiennent entre cinquante mg et soixante-dix mg de kavalactone par capsule. Les études ont démontré que la prise de trois ou quatre doses de cette force chaque jour peut être aussi efficace que les tranquillisants.

Kava : une précaution essentielle

Récemment, le kava a été associé à des dommages graves du foie chez un petit nombre de personnes l'ayant consommé, la plupart en Europe. Il est important d'obtenir l'accord de votre médecin avant de prendre du kava. Indiquez-lui tous les médicaments que vous prenez et toutes conditions préexistantes qui vous concernent. Ne prenez pas de kava si vous avez des problèmes de foie ou si vous prenez des médicaments qui produisent des effets secondaires connus sur le foie. Évitez de combiner le kava avec des tranquillisants comme le Xanax ou le Klonopin ainsi qu'avec l'alcool. Veuillez également noter que le kava est vendu sous plusieurs noms. Assurez-vous donc de connaître le contenu du supplément que vous achetez.

Valériane

La valériane est une plante médicinale qui agit comme tranquillisant et sédatif. Elle est très largement utilisée en Europe. Elle a gagné en popularité aux États-Unis au cours des dernières années. Les études cliniques, la plupart européennes, ont démontré qu'elle était efficace à titre de tranquillisant pour neutraliser l'anxiété légère à modérée et l'insomnie. Elle compte également moins d'effets secondaires et ne crée pas de dépendance. La valériane, contrairement aux tranquillisants vendus sur ordonnance, n'est pas susceptible d'affecter la mémoire ou la concentration ou de provoquer la léthargie et la somnolence.

La valériane est disponible dans les magasins d'aliments naturels sous trois formes : capsules, extrait liquide ou infusion. Pour traiter l'anxiété ou l'insomnie, essayez chacune de ces formes afin de déterminer celle qui vous convient le mieux, en respectant les instructions inscrites sur la bouteille ou l'emballage. La valériane est souvent combinée à d'autres plantes relaxantes telles que la fleur de passion, la véronique, le houblon ou la camomille. Ces combinaisons risquent d'être plus efficaces et même de goût plus agréable. Vous avez donc intérêt à les essayer.

La valériane atteindra son plein effet en à peu près une semaine pour ce qui est du traitement de l'anxiété ou de l'insomnie. Adoptez-la si vous ne recherchez pas des résultats immédiats. En règle générale, je ne recommanderais pas d'utiliser la valériane quotidiennement pendant plus de six mois. Vous pouvez par contre l'utiliser deux ou trois fois par semaine, aussi longtemps que vous le souhaitez.

La longue expérience de l'Europe avec la valériane confirme que la plante est particulièrement sûre. Il existe par contre des rapports de réactions paradoxales d'anxiété accrue, d'agitation ou de palpitations cardiaques, probablement dues à une allergie au produit. Cessez d'utiliser la valériane ou toute autre plante si elle cause de telles réactions.

Fleur de la passion

La fleur de la passion est un bon tranquillisant naturel que plusieurs considèrent aussi efficace que la valériane. En doses plus élevées, elle est souvent utilisée pour traiter l'insomnie puisqu'elle soulage la tension nerveuse et qu'elle détend les muscles.

Elle est disponible en capsules ou en extrait liquide à votre magasin d'aliments naturels. Vous trouverez parfois des produits qui combinent la fleur de la passion et la valériane ou d'autres plantes relaxantes. Utilisez le produit tel qu'indiqué sur la bouteille ou sur l'emballage.

Centella asiatique

La centella asiatique est populaire depuis des milliers d'années en Inde. Elle possède un effet relaxant léger et aide à revitaliser un système nerveux affaibli. Elle améliore également la circulation, la mémoire et favorise le rétablissement à la suite d'un accouchement. Vous la trouverez dans la plupart des magasins d'aliments naturels sous forme de capsules ou d'extrait.

CHAPITRE

Prenez soin de vous

À la fin de ce chapitre vous saurez comment :

- Inclure davantage de pauses dans votre horaire.
- Développer un cycle de sommeil sain.
- Adopter un rythme de vie plus harmonieux.

Prendre soin de soi n'est pas un luxe, c'est une nécessité

Pour prendre soin de soi, il faut établir une routine quotidienne qui balance sommeil, loisirs et repos. Cela signifie aussi adopter un rythme de vie qui permet ces choses. Prendre le temps de prendre soin de vous, vous donnera l'énergie, la présence d'esprit et l'endurance dont vous avez besoin pour pratiquer les activités et atteindre les objectifs qui caractérisent votre vie. Cela contribuera également à adopter une approche plus calme et sereine, essentielle à la réduction de l'anxiété. Parce que le rythme de la vie moderne est frénétique et souvent implacable, ce prérequis à la vitalité émotionnelle et physique est souvent laissé pour compte. Certaines personnes considèrent le fait de prendre soin d'elles comme un luxe qu'elles ne peuvent se permettre.

Il est important de ne pas oublier que prendre soin de soi n'est pas un support optionnel à votre horaire quotidien : il est essentiel au maintien de cet horaire.

S'accorder du repos

Un temps d'arrêt signifie précisément ça : du temps pendant lequel on ne travaille pas, pendant lequel on ne prend aucune responsabilité sinon celle que de se donner l'occasion de se reposer et de faire le plein d'énergie. Sans périodes de repos, le stress que vous éprouvez à travailler ou à vous acquitter des autres responsabilités a tendance à s'accumuler et il s'accumule sans cesse. Vous avez peut-être tendance à vous pousser au point de vous écrouler d'épuisement ou jusqu'à ce que votre anxiété ou vos phobies s'aggravent. Une nuit de sommeil n'est pas considérée comme un moment de repos. Si vous vous couchez stressé, vous dormirez peut-être pendant huit heures, mais vous vous réveillerez tendu, fatigué et stressé. Les temps d'arrêt doivent être incorporés à l'horaire de la journée, en plus de sommeil de la nuit. Son principal objectif est de vous permettre de faire une pause dans le cycle du stress et d'éviter son accumulation. Idéalement, vous devriez vous accorder les temps d'arrêt suivants :

- une heure par jour ;
- une journée par semaine ;
- une semaine toutes les douze ou seize semaines.

Si vous n'avez pas quatre semaines de vacances payées par année, essayez d'organiser vos finances pour prendre du temps à vos frais. Pendant les périodes d'arrêt, désengagez vous de toute tâche que vous considérez comme étant du travail. Laissez de côté les responsabilités et ne répondez pas au téléphone à moins que ce soit quelqu'un à qui vous appréciez parler.

Trois types de temps d'arrêt

Il existe trois types de temps d'arrêt, chacun constituant un facteur important dans l'élaboration d'un style de vie sans anxiété : le temps pour le repos, le temps pour les loisirs et le temps pour les relations.

Temps de repos

Le temps de repos est le temps pendant lequel vous mettez de côté toutes les activités et que vous vous permettez d'être, tout simplement. Vous cessez toute activité et vous laissez couler la vie, entièrement. Pendant ce temps de repos, vous pouvez vous étendre sur le divan et ne rien faire, méditer en silence, vous asseoir sur un fauteuil berçant et écouter de la musique apaisante, vous immerger dans un bain chaud ou faire une sieste au milieu de la journée. Des lectures légères ou des émissions de télévision peuvent aussi meubler le temps de repos, mais ces activités ne sont pas aussi utiles que l'absence d'activité. Le secret du temps de repos est son caractère fondamentalement passif : vous vous permettez de ne rien faire ni de rien accomplir, vous êtes, tout simplement. La société contemporaine nous incite à être productif et à toujours accomplir plus à chaque minute de notre vie. Le temps de repos fait donc un contrepoids à cette exigence.

Temps pour les loisirs

Le temps consacré aux loisirs est celui qui comprend des activités récréatives qui vous permettent de faire le plein d'énergie. Ce temps égaye et élève votre esprit. Essentiellement, il commande de faire tout ce qui vous amuse ou vous est agréable. Par exemple, vous pouvez faire du jardinage, lire un roman, aller voir un film, faire une randonnée, jouer au volley-ball, effectuer un court voyage, faire du pain ou aller à la pêche. Vous pouvez vous accorder des moments de loisirs pendant la semaine, mais il est particulièrement important de vous les accorder lors de vos journées de congé. De telles périodes peuvent être passées seul ou avec une autre personne, dans lequel cas elles se superposent au troisième type de moment d'arrêt, le temps accordé aux relations.

Temps pour les relations

Le temps accordé aux relations est une période pendant laquelle vous mettez de côté vos responsabilités et objectifs personnels afin de partager du temps avec une autre personne ou avec plusieurs autres personnes. L'objectif du temps accordé aux relations est de souligner votre relation avec votre partenaire, vos enfants, les membres de votre famille élargie, vos amis ou vos animaux de compagnie, et d'oublier vos poursuites personnelles pour quelques instants. Si vous avez une famille, le temps accordé aux relations doit être divisé équitablement entre le temps passé seul avec votre partenaire, celui passé seul avec les enfants et celui passé avec la famille entière.

Surmonter la « boulotmanie »

La « boulotmanie » est un trouble de dépendance caractérisé par une préoccupation malsaine envers le travail. Ceux qui en souffrent considèrent que le travail est la seule chose qui procure un sentiment de satisfaction intérieure et de confiance en soi. Vous accordez tout votre temps et votre énergie au travail, négligeant vos besoins physiques et émotionnels. La « boulotmanie » engendre un mode de vie déséquilibré qui souvent mène, d'abord au stress chronique, ensuite au surmenage et potentiellement à la maladie.

Si vous êtes « boulomane », il est possible d'apprendre à apprécier les aspects non professionnels de votre vie et de développer une approche générale plus équilibrée. Vous pouvez éprouver de la difficulté au début à vous accorder de façon délibérée du temps pour le repos, les loisirs et les relations, mais cela deviendra de plus en plus facile et satisfaisant avec le temps.

Soyez prêt à en faire moins

Une autre étape importante est simplement d'être prêt à en faire moins, c'est-à-dire à réduire littéralement le nombre de tâches et de responsabilités qui vous incombent au cours d'une journée donnée. Dans certains cas, cela peut impliquer un changement d'emploi ; dans d'autres, de restructurer votre horaire de travail en fonction du temps de repos et de relaxation. Pour certaines personnes, cela se traduit par un virage fondamental des priorités afin que le maintien d'un style de vie plus simple et équilibré prime sur l'appât du gain ou sur les récompenses. Demandez-vous comment vous pouvez adapter vos valeurs pour accorder plus d'importance à la vie (comment vous vivez), dans votre situation actuelle, plutôt qu'aux réalisations et à la productivité (ce que vous faites).

Exercice : comment ajouter davantage de périodes de repos à l'horaire ?

Prenez le temps de réfléchir et demandez-vous comment vous pouvez accorder plus de temps à chacun des trois types de temps d'arrêt : le temps pour le repos, le temps pour les loisirs et le temps pour les relations. Inscrivez vos réponses sur un bout de papier.

Passez de bonnes nuits de sommeil (régulièrement)

Les saines habitudes de sommeil sont des victimes fré-quentes du rythme « vingt-quatre heures par jour, sept jours par semaine » du monde moderne. Pour certains, une bonne nuit de sommeil est presque une gâterie. Mais il ne faut pas oublier que dormir suffisamment est essentiel à votre bien-être global. Le manque de sommeil peut être à la fois être une cause et un effet de l'anxiété.

Ce qu'il faut faire et, ne pas faire, pour acquérir de saines habitudes de sommeil

Il est important de se rappeler que le sommeil est une partie intégrale du bien-être physique et mental, tout comme la bonne alimentation et la pratique régulière de l'exercice. Les lignes directrices suivantes sont conçues pour vous aider à maintenir de saines habitudes de sommeil.

À faire :

- Faire de l'exercice pendant le jour. Vingt minutes ou plus d'exercice aérobique en milieu de journée ou en fin d'après-midi, avant le souper, est idéal. Au minimum, de quarante-cinq minutes à une heure de marche rapide suffiront. Plusieurs personnes considèrent qu'une courte marche (vingt à trente minutes) est bénéfique avant de se coucher.

- Couchez-vous et levez-vous à des heures régulières. Même si vous êtes fatigué le matin, faites l'effort de respecter votre heure de réveil prévue et ne changez pas votre heure de coucher. Vous pourrez reprendre le travail ou vos occupations le lendemain. Votre corps préfère un cycle régulier de sommeil et d'éveil.

- Adoptez un rituel de sommeil avant l'heure du coucher comme une activité que vous réalisez le soir avant de vous coucher.

- Atténuez le bruit. Utilisez des bouchons ou un appareil qui peut atténuer le bruit tel un ventilateur, au besoin.

- Bloquez le surplus de lumière.

- Maintenez la température de la pièce entre 18 °C et 21 °C. Une pièce trop chaude ou trop froide pourrait être un obstacle à un bon sommeil. Utilisez un ventilateur dans une pièce trop chaude s'il n'y a pas de climatisation. La pièce devrait être aérée et non pas suffocante.

- Achetez un matelas de qualité. Les oreillers ne devraient pas être trop épais ou trop gonflés. Des oreillers en plume qui se compriment sont préférables.

- Dormez dans des lits séparés si votre partenaire ronfle, donne des coups de pied ou bouge beaucoup dans son sommeil. Discutez-en avec lui ou elle et décidez d'une distance mutuellement acceptable.

- Ayez des relaxions sexuelles physiquement et émotionnellement satisfaisantes. Cela aide souvent à trouver le sommeil.

- Consultez un psychothérapeute au besoin. L'anxiété et les troubles dépressifs produisent souvent de l'insomnie. Discutez-en avec un psychothérapeute compétent, cela pourra vous aider.

- Ralentissez le rythme pendant la dernière ou les deux dernières heures de la journée. Évitez l'activité physique ou mentale rigoureuse, les contrariétés émotionnelles, etc.

- Prenez une douche ou un bain chaud avant de vous coucher.

À ne pas faire :

- Essayer de vous forcer à dormir. Si vous êtes incapable de vous endormir après vingt ou trente minutes au lit, levez-vous et entamez une activité relaxante comme regarder la télévision, vous asseoir et écouter de la musique relaxante, méditer ou boire une tisane, et retournez au lit seulement lorsque vous vous endormez. Les mêmes règles s'appliquent si vous vous réveillez au milieu de la nuit et que vous avez de la difficulté à vous rendormir.

- Prendre un gros repas avant des se coucher ou se coucher affamé. Une petite collation saine juste avant de se coucher peut s'avérer utile.

- Boire beaucoup d'alcool avant de se coucher. Pour certaines personnes, un petit verre de vin peut être utile, mais pas plus.

- Consommer trop de caféine. Essayez de restreindre votre consommation de caféine au matin. Si vous êtes sensible à la caféine, évitez-la complètement et essayez plutôt le café décaféiné ou les tisanes.

- Fumer la cigarette. La nicotine est un stimulant léger et, en plus des très publicisés risques pour la santé qu'elle représente, elle peut aussi interférer avec le sommeil. Si vous êtes fumeur, discutez avec votre médecin des meilleurs moyens pour cesser de fumer.

- Faire des activités qui n'ont pas rapport avec le sommeil au lit. À moins qu'elles ne fassent partie de votre rituel de sommeil, évitez les activités comme le travail ou la lecture. Cela tend à renforcer l'association entre le lit et le sommeil.

• Faire une sieste pendant la journée. Une courte sieste (quinze à vingt minutes) est une bonne idée, mais les longues siestes d'une heure ou plus peuvent vous empêcher de dormir la nuit suivante.

• Avoir peur de l'insomnie. Efforcez-vous d'accepter ces nuits qui ne sont pas propices au sommeil. Vous pourrez tout de même fonctionner le lendemain, même si vous n'avez dormi que quelques heures. Moins vous combattez, résistez ou craignez l'insomnie, plus elle disparaîtra facilement.

Quelques conseils pour passer une bonne nuit de sommeil

• Avec l'accord de votre médecin ou de votre professionnel de la santé, faites l'essai de suppléments qui favorisent le sommeil. Des plantes telles le kava et la valériane, à doses plus fortes, peuvent favoriser le sommeil. Ne dépassez pas les doses recommandées et discutez de toutes les plantes avec votre médecin avant d'en prendre. Certaines personnes éprouvent un soulagement avec 0,5 à 2 mg de mélatonine. Le tryptophane-L, un acide aminé qui a été retiré du marché pendant les années 1990, est à nouveau disponible. Combiné à une collation à forte teneur en glucides avant d'aller au lit, c'est un sédatif puissant en doses de 1 000 mg ou plus. Enfin, l'acide 4-aminobutanoïque, à raison de 500 à 1 000 mg avant de se coucher, peut aussi favoriser le sommeil. Autant que possible, essayez d'éviter les médicaments sur ordonnance. Ils interfèrent avec votre cycle de sommeil et peuvent ultimement aggraver les problèmes d'insomnie.

- Pour relaxer les muscles tendus ou ralentir les pensées qui ne cessent de tourner, utilisez des techniques de relaxation profonde. Plus spécifiquement, la relaxation musculaire progressive ou les exercices de visualisation guidée enregistrés peuvent s'avérer bénéfiques (voir les chapitres 1 et 2). Dénichez une enregistreuse à lecture continue.

- Essayez de varier le degré de fermeté de votre matelas. Investissez dans un nouveau matelas ou insérez une planche sous votre matelas s'il s'affaisse ou s'il est trop mou. Pour un matelas trop dur, placez une mousse alvéolée entre le matelas et sa housse.

- Si la douleur est la cause de votre insomnie, essayez de prendre un analgésique. En cas de douleur, un analgésique est plus approprié qu'un somnifère.

Trouvez votre rythme et faites des minipauses

L'image de soi et les idées personnelles ne s'harmonisent pas toujours avec les besoins du corps. Les normes que l'on s'impose par rapport au travail, à la réussite, aux réalisations ou au soin que nous prenons des autres peut entraver les rythmes naturels de notre corps. Le degré de stress que vous éprouvez aujourd'hui est une mesure directe de la négligence dont vous avez fait preuve face aux exigences de votre corps dans le passé. Le fait de prendre votre temps et de vous accorder de petites pauses dans le courant de la journée constituent deux façons de commencer à renverser la vapeur et de vivre davantage en harmonie avec vous-même.

Établissez le rythme qui vous convient

Établir le rythme, c'est vivre votre vie à une vitesse optimale. Le surplus quotidien d'activités, sans pauses, peut provoquer l'épuisement, le stress, l'anxiété et même la maladie. Le manque d'activités peut à l'opposé engendrer l'ennui et le repli sur soi-même. Plusieurs personnes qui sont aux prises avec des problèmes d'anxiété ont tendance à établir un rythme trop rapide, écoutant la société qui dit d'en faire plus, de produire davantage et d'exceller à n'importe quel prix. En tentant de vous conformer à ces normes, vous pouvez vous imposer un rythme qui ne vous convient pas, même s'il convient à d'autres. De la même façon que vous n'achèteriez pas des vêtements qui font à votre voisin, à votre cousin ou à votre partenaire, vous ne devez pas établir un horaire qui ne vous convient pas même s'il convient à d'autres.

Minipauses

Un niveau plus élevé de relaxation et de paix intérieure exige un horaire qui laisse du temps au repos, à la réflexion et à la possibilité d'être, tout simplement, entre les activités. Si vous avez tendance à courir d'une activité à l'autre tout au long de la journée, essayez de ralentir le rythme et de vous accorder des minipauses de cinq à dix minutes toutes les heures ou aux deux heures. Les minipauses sont particulièrement utiles lorsque vous passez d'une activité à une autre. Par exemple, après votre trajet du matin vers le travail, faites une courte pause avant d'entrer au bureau.

Ou après avoir préparé un repas, faites une courte pause avant de vous asseoir pour manger. Pendant votre pause, pratiquez la respiration abdominale, méditez, levez-vous et faites une courte marche, faites quelques étirements de yoga ou quoi que ce soit d'autre qui vous aide à vous redonner de l'énergie, à vous détendre et à éclaircir vos idées. En établissant un rythme qui vous permet de faire des courtes pauses tout au long de la journée, vous remarquerez une différence importante dans la façon dont vous vous sentez. Vous serez aussi surpris de constater que vous en faites autant sinon plus puisque vous avez plus d'énergie et que vous avez les idées plus claires pour réaliser vos activités. Le principe de vous accorder de courtes pauses pour faire le point tout au long de la journée est simple, mais il exige un engagement de votre part. Vous trouverez sûrement que l'effort est bien récompensé.

Prenez soin de vous au quotidien

Même si la vie a ses hauts et ses bas, et même ses défis inattendus, vous pourrez soulager vos inquiétudes et développer un sentiment de sécurité intérieur en posant chaque jour de petits gestes de bienveillance envers vous-même. Pour y arriver, vous devez d'abord prendre le temps de prendre soin de vous, à l'écart de vos responsabilités professionnelles et personnelles. Bâtir une relation aimante avec vous-même n'est pas si différent que d'en bâtir une avec une autre personne : les deux exigent temps, énergie et détermination. Le fait de vous accorder des moments de repos réguliers est un moyen d'y arriver. La liste qui suit propose un certain nombre d'activités simples qui vous permettent de prendre soin de vous. Lorsque la vie semble difficile, il est tout particulièrement important de prendre du temps pour vous-même sans que vous ayez à vous sentir coupable ou égoïste pour autant.

Lire un livre inspirant

Une façon de décompresser et de mettre de l'ordre dans vos idées est de lire un livre inspirant. Ce peut être un roman, un livre d'autothérapie ou même un livre traitant de spiritualité. Alors que vous entrez dans l'univers de l'auteur par l'entremise de son ouvrage, vous pouvez changer d'état d'esprit avec un minimum d'effort.

Il suffit souvent que de la lecture de quelques pages pour élever votre conscience à un niveau supérieur. Consultez la section des ressources, elle contient une liste de livres recommandés.

Prenez le temps de vivre des plaisirs sensuels

Prenez un bain chaud;

prenez un sauna;

faites-vous donner un massage;

prenez un bain moussant;

faites-vous faire une manucure ou un traitement pour les pieds;

prenez place dans une cuve thermale;

ou s'il fait froid dehors, asseyez-vous devant un feu de foyer;

collez-vous sur une personne qui vous est chère.

Délectez-vous du monde qui vous entoure

Faites une promenade dans un endroit pittoresque ;

prenez le temps de regarder le soleil se lever ou se coucher ;

dormez dehors sous les étoiles ;

allez dans un parc (au lac, à la plage ou à la montagne).

Ayez du plaisir

Louez un film drôle ;

mangez dans un bon restaurant ;

écoutez votre musique préférée et dansez ;

téléphonez à un ou plusieurs bons amis ;

offrez-vous de nouveaux vêtements ;

offrez-vous quelque chose dont vous avez les moyens ;

voyez un bon film ou un bon spectacle ;

flânez dans une librairie ou chez un disquaire aussi longtemps que vous en avez envie ;

visitez un musée ou un autre lieu d'intérêt culturel ;

appliquez-vous à réussir votre casse-tête préféré ;

offrez-vous des fleurs ;

écrivez une lettre à un vieil ami ;

cuisinez quelque chose de spécial;

faites du lèche-vitrines;

jouez avec votre animal de compagnie.

Faites quelque chose exclusivement pour vous

Détendez-vous avec un bon livre ou un magazine ou en écoutant de la musique relaxante;

couchez-vous tôt;

prenez une journée de congé du bureau pour votre santé mentale;

préparez-vous un repas spécial, juste pour vous, et mangez à la chandelle;

prenez une tasse de votre tisane préférée;

méditez;

écrivez-vous une lettre remplie d'optimisme et postez-la;

accordez-vous plus de temps que nécessaire pour accomplir ce que vous avez à faire;

accordez-vous le droit de flâner;

lisez un livre inspirant;

écoutez une cassette de motivation;

rédigez un journal spécial sur vos réflexions, intuitions et réalisations;

prenez le petit déjeuner au lit.

CHAPITRE

Simplifiez votre vie

À la fin de ce chapitre vous saurez comment :

- Simplifier votre vie en y apportant des changements à court et à long termes.

Hymne à la simplicité

Une vie qui se déroule sous le signe des décisions financiè-res, des horaires trop chargés et de la surabondance des biens matériels est une source moderne d'anxiété. Même si ce type d'excès est caractéristique de notre époque, il reste que la simplification de nos vies enrichit notre expé-rience et approfondit notre sentiment de bien-être.

Simplicité ne doit pas être confondu avec austérité. Une vie austère est caractérisée par la privation et le besoin alors qu'une vie simple est enrichissante, créative et profitable pour l'esprit. La vie simple est exempte des demandes relatives au temps dont vous disposez et des tensions finan-cières qui épuisent vos ressources sans enrichir votre exis-tence, de quelque façon que ce soit. Cette vie peut être con-sidérée comme un style de vie qui accorde un meilleur retour sur votre investissement de temps et d'argent. L'idée courante relative à la simplicité et qui stipule qu'elle signifie vivre à l'écart du confort et des commodités modernes afin de prouver une certaine capacité à vivre à l'abri de la technologie du XXe siècle, est complètement fausse.

Gandhi a d'ailleurs commenté cet aspect matériel de la vie en disant : « tant qu'une chose vous procure réconfort et soutien, gardez-la. Si vous vous en débarrassiez par abné-gation ou par sens du devoir, vous continueriez de la dési-rer et ce besoin inassouvi ne vous causerait que des ennuis. »

Une vision de la vie simple

Il n'y a pas de formule précise pour définir ce qu'est vivre simplement. Chaque individu est apte à découvrir sa ou ses façons de réduire la complexité et les charges inutiles dans sa vie. Dans son livre publié en 1993 et intitulé *Voluntary Simplicity,* Duane Elgin suggère aux gens qui souhaitent simplifier leur vie de :

- Investir le temps et l'énergie libérés par un mode de vie plus simple dans des activités avec leurs partenaires, enfants et amis (par exemple, la marche, faire de la musique ensemble, partager un repas ou aller en camping).

- Travailler au développement de l'ensemble de son potentiel : physique (course, vélo, randonnée, etc.), émotionnel (découvrir les différents degrés de l'intimité et partager ses sentiments dans les relations importantes), mental (s'engager dans un processus d'apprentissage continu en lisant et en suivant des cours) et spirituel (apprendre à progresser dans la vie avec un esprit calme et un coeur compatissant).

- Tendre à établir un lien intime avec la terre et une relation fondée sur le respect avec la nature.

- Compatir à la pauvreté dans le monde.

- Réduire leur consommation personnelle globale, par exemple en achetant moins de vêtements et en portant davantage attention à ce qui est fonctionnel, durable et esthétique, et en se préoccupant moins des tendances, modes et styles saisonniers qui changent si rapidement.

- Modifier leurs habitudes de consommation pour favoriser les produits durables, faciles à réparer, qui ne polluent pas lors de leur fabrication et de leur utilisation, qui sont écoénergétiques, fonctionnels et esthétiques.

- Modifier leur régime alimentaire pour éliminer les aliments, viandes et sucres transformés, et pour faire plus de place aux aliments plus naturels, sains et simples.

- Réduire le fouillis et la complexité inutiles en donnant ou en vendant les articles rarement utilisés et qui pourraient être utilisés de façon productive par d'autres (vêtements, livres, meubles, appareils, outils, etc.).

- Recycler le métal, le verre et le papier et restreindre sa consommation d'articles dont la fabrication gaspille les ressources non renouvelables.

- Développer les compétences qui contribuent à établir une plus grande autonomie permettant de répondre aux besoins ordinaires de la vie (menuiserie, plomberie de base et réparation d'appareils) pour ainsi réduire la dépendance envers les spécialistes.

- Préférer des milieux de vie et de travail à l'échelle humaine qui préconisent l'appartenance à la communauté, le contact direct et l'entraide mutuelle.

- Adopter des pratiques de soins de santé holistique qui mettent l'accent sur la médecine préventive et sur les pouvoirs guérisseurs du corps lorsqu'il est assisté par l'esprit.

- Changer ses moyens de transport pour favoriser les transports en commun, le covoiturage, les voitures plus petites et moins énergivores, en vivant plus près du travail, en prenant son vélo, en marchant.

Une vie plus simple peut vous donner plus de temps ne serait-ce que pour favoriser les liens avec les membres de votre famille et de votre communauté, avec la nature et votre puissance supérieure, ainsi qu'avec vous-même. Rien dans la nature n'est isolé : ce n'est que l'esprit abstrait et conceptuel qui crée les distinctions et les divisions. Lorsque vous vous ouvrez aux différents niveaux de rapprochement naturels ou innés à la vie, vous commencez à surmonter les méfaits de l'isolement dans toutes ses manifestations et à traiter l'anxiété à sa source.

Certaines données, au cours des dernières années, ont indiqué qu'un nombre grandissant de personnes ont choisi de simplifier leur vie. Après trente ans d'expansion économique et de croissance matérielle, les années 1990 ont été, pour plusieurs, des années de rationalisation. Selon un sondage mené en 1991 et cité dans l'ouvrage d'Elgin intitulé *Voluntary Simplicity* (1995) :

- Soixante-neuf pour cent des gens questionnés ont affirmé qu'ils aimeraient ralentir et vivre de façon plus détendue, contrairement à seulement dix-neuf pour cent qui affirmaient vouloir vivre leur vie à un rythme plus rapide et plus excitant.

- Soixante et un pour cent des répondants étaient d'accord pour dire que de gagner sa vie de nos jours exige tellement d'efforts qu'il est difficile de trouver du temps pour profiter de la vie.

- Lorsque questionnés sur leurs priorités, quatre-vingt-neuf pour cent des répondants ont affirmé qu'il était plus important de passer du temps avec leur famille.

- Seulement treize pour cent accordaient de l'importance au respect des tendances de la mode et seulement sept pour cent considéraient qu'il était important de magasiner des produits porteurs de symboles de statut social.

Un sondage publié en juin 1997 dans *USA Today* signalait qu'en 1995, vingt-huit pour cent des Américains affirmaient avoir délibérément apporter des changements dans leur vie au cours des cinq dernières années, ayant pour résultat une baisse de revenus. Quatre-vingt-sept pour cent d'entre eux se disaient satisfaits du résultat.

Quelques moyens pour simplifier votre vie

Voici quelques suggestions qui vous aideront à simplifier votre vie. Certains de ces changements peuvent être réalisés immédiatement alors que d'autres requièrent davantage de temps et d'effort de votre part. N'oubliez pas que l'objectif de la vie simple est de vous libérer des choix qui épuisent votre temps, votre énergie et votre argent sans pour autant répondre à vos besoins essentiels ou vous rendre heureux.

Rationalisez votre vie

Il existe plusieurs avantages à vivre dans plus petit. Premièrement, si vous avez moins d'espace, vous accumulerez par la force des choses moins de biens. De plus, un espace de vie plus petit prend moins de temps à nettoyer et à entretenir et coûte également moins cher.

Laissez tomber ce dont vous n'avez pas besoin

Nous vivons à une époque d'abondance inégalée. Il est très facile d'accumuler des biens qui n'ont pas de valeur ou d'utilisation réelle et qui ne font qu'encombrer l'espace vital. Prenez le temps de jeter un coup d'œil à tout ce que vous possédez et décidez de ce qui est utile et qui mérite par conséquent d'être conservé et de ce qui ne fait qu'utiliser l'espace. En règle générale, pour réduire l'encombrement, débarrassez-vous de tout ce que vous n'avez pas utilisé depuis plus d'un an, sauf bien sur des objets qui ont une valeur sentimentale.

Faites ce que vous aimez pour gagner votre vie

Faire ce que vous souhaitez réellement exige du temps, des risques et des efforts. Il est possible que vous ayez besoin d'un an ou deux pour apprendre tout ce dont vous avez besoin de savoir pour entamer une nouvelle carrière. Ensuite, il est possible que vous deviez occuper pendant un certain temps un poste de premier échelon dans ce nouveau secteur d'activité avant d'obtenir le poste répondant à vos besoins financiers. Mais nous croyons, ainsi que toutes les autres personnes qui l'ont fait, que le temps, l'effort et les bouleversements en valent le coup.

Réduisez la distance du domicile au travail

Réduire ou éliminer les déplacements du domicile au travail est un des changements les plus importants que vous pouvez faire pour simplifier votre vie. Il n'est pas nécessaire de réfléchir longtemps pour voir à quel point le temps passé chaque jour dans les embouteillages peut augmenter le niveau de stress.

Le fait de déménager plus près du travail ou de choisir de vivre dans une plus petite ville peut aider à réduire la distance du domicile au travail. Enfin, si vous devez parcourir une longue distance, essayez d'obtenir un horaire flexible qui vous permettra d'éviter l'heure de pointe ou achetez un véhicule confortable équipé d'un bon système audio. En ce moment, près de quinze pour cent des Américains travaillent à domicile. Et le nombre continue de croître. Si vous êtes en mesure de mettre sur pied un service de consultation ou de vous créer un emploi qui fait appel à l'informatique et qui peut être effectué à partir de la maison, joignez-vous au nombre.

Regardez moins la télévision

Combien de temps passez-vous chaque jour devant la télé ? Dans les années 1990, le ménage moyen possédait deux ou trois téléviseurs, chacun comptant entre quarante et soixante chaînes. Comme si ce n'était pas suffisant, cinquante millions de ménages américains possèdent maintenant des ordinateurs qui proposent une vaste gamme de jeux pour adultes et pour enfants, sans compter l'accès Internet vers des milliers de sujets et des millions de sites Web. D'accord, on présente plusieurs bonnes émissions à la télé et Internet est un outil extraordinaire pour transmettre de l'information. La préoccupation réside dans la forte complexité de tant d'options, toutes impliquant une position passive visant à être témoin d'un divertissement ou à absorber de l'information. Si la vie devant un écran peut distraire de l'anxiété, ce peut aussi être un obstacle à tisser un nouveau lien plus profond avec la nature, avec les autres ou avec vous-même. Si l'anxiété est aggravée par une trop grande stimulation et une expérience de déconnexion à plusieurs niveaux, il est peut-être temps que nous modifiions nos habitudes de « spectateurs ».

Vivre proche de la nature

Les états d'anxiété sont souvent associés à des sentiments de dissociation. Les sensations de dépersonnalisation ou de déréalisation qui peuvent accompagner l'anxiété aiguë ou la panique sont souvent caractérisées par une impression de ne pas se sentir les deux pieds sur terre et d'être débranché de ses propres émotions, voire de son propre corps. Cette dissociation peut être aggravée par le fait d'être littéralement « débranché » de la terre, comme c'est le cas lorsqu'on conduit une voiture, qu'on est sur les étages supérieur d'un gratte-ciel ou qu'on est dans un avion. Elle peut également être aggravée dans des situations ou vous êtes bombardé de tellement de stimulis que votre conscience est dispersée, comme ça peut être le cas dans une épicerie, un centre commercial ou au cour d'un événement social.

Une promenade dans les bois ou dans un parc peut contribuer à renverser la tendance à se sentir dissocié. Être proche de la terre, de sa vue, de ses sons, de ses odeurs et de ses énergies, peut vous aider à rester davantage branché sur vous-même. Choisir de vivre dans un tel environnement, si possible, vous permettra de rétablir un lien continu avec la terre, lien que la civilisation moderne semble avoir brisé.

Apprivoisez le téléphone

Certaines personnes pensent qu'elles devraient répondre au téléphone chaque fois qu'il sonne, peu importe l'heure du jour et leur humeur. Peu importe s'il s'agit d'un créancier, de télémarketing ou d'un membre désagréable de la famille, certaines personnes se sentent une obligation sacrée de répondre à chaque appel. N'oubliez pas que répondre au téléphone est optionnel. Vous pouvez laisser votre boîte vocale ou votre répondeur faire son travail et retourner l'appel lorsque cela vous conviendra et lorsque vous pourrez accorder toute votre attention au demandeur. Si vous êtes occupé à un projet ou à une activité que vous trouvez enrichissante, il n'est pas nécessaire de tout arrêter pour prendre un appel qui n'exige pas votre attention immédiate.

Déléguez les corvées domestiques

Combien de tâches ménagères délégueriez-vous si ce n'était pas une question d'argent? Même déléguer une seule tâche que vous n'aimez pas faire, par exemple l'entretien de la maison ou du jardin, peut faire une différence dans votre quotidien. Si c'est une question d'argent, y a-t-il quelque chose que vos enfants peuvent apprendre à faire aussi bien que vous? Peut-être pouvez-vous demander aux autres membres de la famille de contribuer à la cuisine, à l'entretien du jardin ou au ménage de la maison?

Apprenez à dire non

« Non » n'est pas un mot à proscrire. Bien des personnes sont fières d'être capables de toujours répondre aux besoins et désirs de leurs amis, des membres de leur famille et de leurs collègues. Le problème est que le résultat final de cette obligeance continuelle est l'épuisement. Vous pouvez être si occupé à satisfaire les besoins et demandes des autres que vous n'avez plus d'énergie pour prendre soin de vous-même. Lorsqu'une personne vous demande du temps, des efforts ou quoi que ce soit d'autre, demandez-vous si cela sert votre plus grand intérêt et celui de cette personne que de lui dire oui.

D'autres façons de vous simplifier la vie

Il existe plusieurs autres façons de vous simplifier la vie. Par exemple, vous pouvez écrire ou téléphoner aux entreprises qui vous envoient de la publicité-rebut pour qu'elles retirent votre nom de leurs listes d'envoi.

Vous pourrez ainsi réduire de façon importante la quantité de courrier que vous recevez. Ou vous pouvez éliminer toutes vos cartes de crédit, sauf une. Détenir une carte est pratique pour effectuer des achats par téléphone ou sur Internet ou pour louer une voiture. De plus, vous recevrez beaucoup moins de factures chaque mois et vous économiserez sur les frais annuels en réduisant le nombre de cartes de crédit que vous avez.

Exercice : questionnaire - Simplifiez votre vie

C'est à votre tour. Prenez le temps de réfléchir à des moyens de simplifier votre vie. Pour vous aider, posez-vous les questions suivantes :

1. Sur une échelle de 1 à 10, 1 représentant la plus grande simplicité et 10 représentant la plus grande complexité, comment qualifieriez-vous votre style de vie actuel ?

2. Avez-vous fait des changements dans vos conditions de logement dans la dernière année pour favoriser la simplicité ? Si oui, lesquels ?

3. Quels pas vers la simplification de votre vie aimeriez-vous faire en général ?

4. Que souhaitez-vous entreprendre pour simplifier votre vie dans la prochaine année ?

Exercice : liste de vérification d'un mode de vie simple

Examinez les stratégies de simplification suivantes et cochez ou soulignez celles que vous seriez prêt à essayer ou à adopter dans les deux prochains mois.

- Réduire l'encombrement dans votre maison ;

- déménager dans une plus petite maison ;

- déménager dans une plus petite ville ;

- déménager près des magasins pour pouvoir faire vos emplettes rapidement ;

- acheter moins de vêtements, en préférant ce qui est fonctionnel, durable et esthétique plutôt qu'à la mode ;

- conduire une voiture de base, économique en carburant ;

- réduire votre dépendance à la télévision ;

- réduire la dépendance envers les divertissements extérieurs (films, pièces de théâtre, concerts, boîtes de nuit) ;

- réduire ou éliminer les abonnements à des magazines ;

- annuler la livraison du journal à domicile ;

- stopper la publicité-rebut ;

- cesser de répondre au téléphone chaque fois qu'il sonne ;

- réduire la distance du domicile au travail (si possible, marcher ou prendre votre vélo pour aller travailler) ;

- travailler dans le quartier où vous habitez ;

- dire à tout le monde, sauf à votre famille immédiate, que vous ne faites plus de cadeaux de Noël (ou n'envoyez plus de cartes de Noël) ;

- prendre une seule valise pour les vacances et apporter uniquement l'essentiel ;

- prendre vos vacances près de la maison ou à la maison ;

- réduire votre consommation afin d'éviter les objets de luxe ou griffés. Favoriser les produits durables, faciles à réparer et qui ne polluent pas ;

- prendre les moyens pour se sortir de l'endettement ;

- garder une seule carte de crédit ;

- consolider vos comptes bancaires ;

- déléguer les tâches comme l'entretien du jardin, le ménage de la maison et la préparation des déclarations d'impôts ;

- simplifier vos habitudes alimentaires pour y inclure des aliments entiers et non transformés ;

- acheter moins souvent, mais en plus grandes quantités et en vrac ;

- boire de l'eau au lieu de tout autre breuvage ;

- faire votre lunch ;

- apprendre à dire non ;

- cesser d'essayer de changer les gens ;

- cesser d'essayer de faire plaisir aux gens, être vous-même ;

- se débarrasser de tous les articles dont vous n'avez pas réellement besoin ;

- faire ce que vous souhaitez vraiment pour gagner votre vie ;

- travailler moins et passer plus de temps avec les gens que vous aimez.

Parmi ces changements, certains peuvent être réalisés presque sur le champ alors que d'autres impliquent une plus longue préparation. Vous aurez peut-être besoin d'une année ou deux pour organiser votre vie afin de faire ce que vous aimez réellement. Pour vous débarrasser des biens inutiles, mettez-les de côté dans un espace de rangement ou dans un endroit verrouillé pendant un an. À la fin de l'année, si vous n'y avez pas pensé ou n'en avez pas eu besoin, donnez-les. Apprendre à dire non et cesser de toujours vouloir faire plaisir aux autres exige que vous développiez des habiletés d'affirmation de soi. Vous pouvez acquérir celles-ci grâce à des ateliers, à la consultation et à des livres.

Nous espérons que ce chapitre vous a donné des idées pour vous aider à simplifier votre vie. C'est de cette façon que vous aurez plus de temps et une plus grande facilité à trouver la paix d'esprit et à apprécier la beauté de la vie.

N E U V I È M E

CHAPITRE

Désamorcez les inquiétudes

À la fin de ce chapitre vous saurez comment :

- Vous distraire des inquiétudes obsessives.
- Utiliser l'interruption de la pensée pour désamorcer les inquiétudes.
- Retarder vos inquiétudes.
- Développer un plan efficace pour faire face aux inquiétudes.

Perdu dans le tourbillon des inquiétudes

L'inquiétude obsessive se manifeste souvent comme un tourbillon négatif qui peut facilement se transformer en anxiété. Lorsque vous êtes coincé dans un tourbillon d'inquiétude obsessionnelle, vous avez tendance à ruminer chaque facette d'un danger perçu jusqu'à éclipser toutes les autres pensées et à vous sentir emprisonné. Sur les plans physiologique et psychologique, l'anxiété devient l'étape logique suivante, la réponse naturelle à l'impression que votre esprit est hors de contrôle. Parce que l'inquiétude obsessionnelle peut s'avérer très contraignante, il faut faire preuve de volonté pour en sortir. Vous devez fournir un effort énergique pour vous éloigner du vortex mental de l'inquiétude et passer à un autre mode de pensée.

Si vous empruntez le chemin qui offre la moindre résistance, vous risquez de rester dans ce tourbillon jusqu'à ce que les symptômes de l'anxiété apparaissent. Vous pouvez « sortir de votre tête » en faisant une activité quelconque ou en vous concentrant sur quelque chose qui est situé à l'extérieur de vous-même. C'est un excellent moyen de freiner le tourbillon de l'inquiétude. Même si ça peut être difficile au début de fuir l'inquiétude obsessionnelle, avec la pratique, ça devient plus facile.

Distrayez-vous de l'inquiétude

Pour sortir du tourbillon de l'inquiétude, il faut faire passer la concentration du cérébral au pratique. Vous devez vous occuper avec un projet ou une activité qui permettra à votre concentration de décrocher de la peur d'un danger éventuel probable. Ainsi vous pourrez amorcer la mise en œuvre des stratégies qui vous permettront de compléter la tâche en cours. Voici une liste de moyens pour y arriver :

Faites de l'exercice physique

Ce peut être votre exercice ou sport favori ou tout simplement une tâche ménagère. Si vous ne souhaitez pas vous entraîner, jetez un coup d'œil autour de vous, à la maison ou au bureau. Qu'y a-t-il à faire ? Y a-t-il un projet que vous remettez depuis un moment ? Ce peut être aussi banal que de changer le papier à étagères ou de cirer le plancher. La plupart des gens ont dans leur tête une liste de choses à faire à la maison. Jetez un coup d'œil à la vôtre et voyez ce que vous pouvez faire.

Parlez à quelqu'un

Le monde moderne a brutalement mis la hache dans le temps consacré à la discussion. La technologie, le rythme rapide de la vie contemporaine et la tendance générale à l'isolement ont limité le temps que nous passons non seulement à entretenir des conversations enrichissantes, mais aussi à bavarder de choses et d'autres. La conversation est un excellent moyen de vous éloigner de vos inquiétudes.

En règle générale, vous devriez discuter d'autres choses que de ce qui vous préoccupe, à moins que vous souhaitiez vraiment en discuter.

Faites vingt minutes de relaxation profonde

Votre corps est normalement tendu lorsque vous êtes inquiet. Si vous prenez le temps de pratiquer une technique de relaxation, vous réaliserez souvent que votre esprit a tendance à se détacher de ce sur quoi il était concentré. Les longues périodes de relaxation (quinze à vingt minutes) fonctionnent mieux que les courtes. Vous pouvez utiliser la relaxation musculaire progressive, la visualisation guidée ou la méditation telles que décrites aux chapitres 1 et 2 pour atteindre un état de relaxation profonde.

Écoutez une pièce de musique évocatrice

Les émotions comme la tristesse et la colère peuvent être à la base de l'inquiétude obsessionnelle et l'alimenter. La musique détient le pouvoir de libérer ces émotions. Jetez un coup d'œil à votre collection de disques et trouvez une pièce ou deux qui libèrent pour vous les émotions. Plusieurs personnes ont assemblé, inconsciemment, une collection musicale éclectique qu'ils utilisent selon leur humeur. Si c'est votre cas, tirez-en profit pour interrompre le tourbillon des inquiétudes.

Faites l'expérience d'un plaisir immédiat

Vous ne pouvez être inquiet et vous sentir bien et confortable à la fois. La peur et le plaisir sont des expériences incompatibles. Tout ce que vous trouvez plaisant comme un bon repas, un bain chaud, un film drôle, un massage du dos, faire des câlins, avoir une relation sexuelle ou tout simplement marcher dans un environnement enchanteur, peut vous aider à vous éloigner de vos inquiétudes et de la pensée négative.

Utilisez des distractions visuelles

Regardez tout simplement quelque chose qui attire votre attention. Ce peut être la télévision, un film, un jeu vidéo, l'ordinateur, la lecture ou même une rocaille.

Exprimez votre créativité

Il est difficile d'être inquiet et créateur à la fois. Essayez l'artisanat ou les métiers d'art, jouez d'un instrument de musique, faites de la peinture ou du dessin, jardinez ou tout simplement changez la disposition des meubles de votre salon. Si vous avez un hobby, consacrez-y plus de temps. N'y a-t-il pas quelque chose que vous avez toujours souhaité essayer, par exemple fabriquer des bijoux ou peindre à l'aquarelle ? C'est un bon moment pour découvrir de nouvelles activités enrichissantes.

Trouvez une obsession positive alternative

Vous pouvez remplacer votre obsession négative par une obsession positive en travaillant à une activité qui exige de la concentration. Vous pouvez par exemple faire des mots croisés ou des casse-tête.

Répétez une affirmation

Vous pouvez créer un rituel salutaire en vous asseyant calmement et en pratiquant la répétition d'une affirmation positive qui porte une profonde signification personnelle. Répétez l'affirmation lentement et consciemment. Lorsque votre esprit s'égare, ramenez-le à l'affirmation. Poursuivez pendant cinq à dix minutes ou jusqu'à ce que vous soyez complètement détendu. Si vous versez dans la spiritualité, voici quelques affirmations possibles :

- laisse aller et laisse faire Dieu ;

- j'obéis à l'Esprit (Dieu) ;

- je libère (ou transfère) cette négativité à Dieu.

Si vous préférez éviter les connotations spirituelles, essayez :

- laisse aller ;

- ce ne sont que des pensées et elles se dispersent ;

- je suis entièrement détendu, sans aucune inquiétude.

Interruption de la pensée

Vous pouvez parfois vous retrouver coincé dans un tourbillon de pensées inquiétantes qui ne veulent pas disparaître. Elles continuent de tourner de façon débridée dans votre tête. L'interruption de la pensée est une technique consacrée pour traiter avec ce type de situation. Elle implique de se concentrer brièvement sur la pensée non désirée, de l'arrêter soudainement et de la chasser de votre esprit. Une des techniques cognitives les plus anciennes, l'interruption de la pensée, a été présentée pour la première fois par J.A. Bain en 1928, dans un ouvrage intitulé *Thought Control in Everyday Life*. Vers la fin des années 1950, cette technique a été adaptée par Joseph Wolpe et d'autres thérapeutes béhavioristes pour le traitement des pensées obsessionnelles et phobiques. Avec la pratique, elle devient de plus en plus efficace.

Exercice : interruption de la pensée

1. Si vous êtes seul et souhaitez briser le fil de vos pensées anxieuses, criez fort et avec force : « arrêtez ! » ou « sortez ! » N'oubliez pas que vous tentez de stopper un tourbillon de pensées inquiétantes. Si vous n'êtes pas seul, criez intérieurement en visualisant un immense panneau d'arrêt. Vous pouvez aussi placer un élastique autour de votre poignet et le faire claquer alors que vous criez.

2. Répétez l'étape 1 à plusieurs reprises, au besoin.

3. Chaque fois que les pensées inquiétantes resurgissent, répétez avec force votre commande verbale. Lorsque vous réussissez à éliminer l'inquiétude à plusieurs reprises en criant la commande, commencez à interrompre les pensées indésirables avec votre voix normale. Éventuellement, avec la pratique, vous serez capable d'éliminer vos pensées indésirables à l'aide d'une commande chuchotée ou même subvocale.

4. Après avoir éliminé des pensées inquiétantes en répétant la commande à quelques reprises, appliquez une des techniques de distraction énumérées dans la section « Distrayez-vous de l'inquiétude » ci-dessus.

Retarder vos inquiétudes

Plutôt que de tenter de stopper l'inquiétude ou les pensées obsessionnelles, vous pouvez opter pour le « report ». Cette stratégie peut être particulièrement utile lorsque votre tentative de stopper abruptement une inquiétude par l'interruption de la pensée semble impossible. Dans

Maîtriser votre anxiété*

une certaine mesure, vous faites confiance à vos inquiétudes ou à vos pensées obsessionnelles en leur disant que vous les ignorerez pendant quelques minutes avant de tenter à nouveau de les éliminer. De cette façon, vous évitez une bataille avec la portion de votre esprit qui semble obnubilée par l'inquiétude ou l'obsession.

Lorsque vous essayez cette technique pour la première fois, essayez de reporter l'inquiétude pour une courte période, soit deux ou trois minutes. Puis, à la fin de la période, essayez de la reporter de nouveau pour une autre courte période. Une fois cette période écoulée, déterminez une autre période précise pour reporter vos pensées obsessionnelles. L'idée est de continuer à reporter l'inquiétude aussi longtemps que vous le pouvez. Vous serez souvent capable de reporter une inquiétude en particulier assez longtemps pour que votre esprit passe à autre chose. Plus elle est reportée longtemps, plus l'inquiétude perd de son emprise. Par exemple, vous travaillez et une inquiétude, à savoir comment vous allez réussir à payer toutes vos dépenses, surgit dans votre esprit. Acceptez l'inquiétude sans tenter de la combattre, mais dites-vous que vous reporterez la pensée pendant cinq minutes. Après cinq minutes, dites-vous que vous allez reporter la pensée pendant cinq minutes de plus. Et vous répétez jusqu'à ce que l'inquiétude s'estompe.

Lorsque vous pratiquez cette technique pour la première fois, faites-le pour de courtes périodes de report, soit de une à cinq minutes. Après avoir gagné en efficacité, essayez de reporter pendant de plus longues périodes, soit de quelques heures à une journée.

Si après avoir reporté une inquiétude à deux ou trois reprises vous sentez que vous ne pouvez la reporter plus longtemps, accordez-vous cinq à dix minutes de temps d'inquiétude, c'est-à-dire concentrez-vous intentionnellement sur votre inquiétude pendant une courte période. À la fin de la période, essayez de la reporter de nouveau. Si vous éprouvez de la difficulté à continuer de la reporter, utilisez les techniques de distraction de base et d'interruption de la pensée décrites précédemment dans ce chapitre.

Le report de l'inquiétude est une habileté que vous pouvez améliorer avec la pratique. Comme c'est le cas pour les autres techniques d'interruption des inquiétudes, le fait de devenir plus habile à reporter les inquiétudes augmentera votre confiance en votre capacité de traiter tous les types d'inquiétudes et de pensées obsessionnelles.

Élaborez un plan efficace pour faire face à l'inquiétude

Le fait de s'inquiéter à propos d'une entrevue pour un poste, d'une présentation ou d'un long voyage en avion peut être plus stressant que l'expérience elle-même. C'est parce que le système de défense de votre corps ne fait aucune distinction entre vos fantasmes relatifs à la situation et la situation elle-même. L'inquiétude relative à un danger imaginaire provoque la contraction de vos muscles et de votre estomac, tout comme si vous faisiez face à un danger réel. Lorsque vous vous sentez coincé par l'inquiétude, la stratégie à adopter est de développer un plan d'action qui vous permettra d'y faire face. Le simple fait d'élaborer un tel plan distraira votre esprit et dissipera l'inquiétude. Cela aidera aussi à remplacer par une attitude plus optimiste toute impression de victimisation que vous pourriez ressentir.

Exercice : élaborez un plan pour faire face à votre inquiétude

Pensez à ce qui vous inquiète le plus. Est-ce l'argent ? Votre relation ? Vos enfants ? Votre problème avec l'anxiété en soi ? Une situation à venir qui exige que vous donniez le meilleur de vous-même ? Parmi vos inquiétudes, quelle est celle qui occupe la première place ? Si vous êtes prêt à agir, respectez la séquence d'étapes énumérées ci-dessous, adaptée de l'ouvrage de Mary Ellen Copeland (1998) intitulé *The Worry Control Workbook*.

1. Notez la situation particulière qui vous inquiète.

2. Faites une liste des choses que vous devez faire pour y faire face et améliorer votre condition. Inscrivez-les, même si elles vous semblent impossibles à accomplir ou trop lourdes pour le moment. Demandez à des membres de la famille ou à des amis de vous aider. Ne vous arrêtez pas aux options possibles pour le moment : notez-les tout simplement.

3. Prenez en compte chaque idée. Lesquelles sont impossibles à réaliser ? Lesquelles sont réalisables mais difficiles à mettre en œuvre ? Ajoutez un point d'interrogation à la suite de celles-ci. Lesquelles pourriez-vous réaliser dans la semaine ou le mois suivant ? Cochez-les.

4. Passez un contrat avec vous-même en ce qui a trait à l'accomplissement de toutes les possibilités que vous avez cochées. Établissez des dates spécifiques pour leur réalisation. Une fois qu'elles ont été accomplies, passez aux choses plus difficiles. Passez un autre contrat du même type avec vous-même.

5. Y a-t-il d'autres actions qui semblaient impossibles à accomplir à l'origine, mais que vous pourriez réaliser maintenant? Si c'est le cas, passez encore une fois un contrat avec vous-même pour leur réalisation.

6. Lorsque toutes les obligations de vos contrats auront été respectées, demandez-vous si la situation a changé. Votre inquiétude a-t-elle été résolue de façon satisfaisante? Si elle ne l'est pas, recommencez le processus.

Si vous continuez d'éprouver des problèmes avec cette inquiétude, peut-être possédez-vous des modèles de pensée autolimitatifs ou des croyances qui font obstacle au désamorçage. Pour comprendre et modifier votre système de croyances personnelles, consultez le chapitre 10 de l'ouvrage intitulé *The Anxiety and Phobia Workbook* (Bourne 2000), « Mistaken Beliefs », et le chapitre 10 de l'ouvrage *Beyond Anxiety and Phobia* (Bourne 2001), « Create Your Vision ».

CHAPITRE

Faire face sur-le-champ

À la fin de ce chapitre vous saurez comment :

- Utiliser des stratégies et des énoncés de prise en charge pour combattre l'anxiété.

- Utiliser des affirmations pour contrer les pensées négatives qui alimentent l'anxiété.

Installer-vous confortablement dans votre anxiété!

Le simple fait de résister à l'anxiété ou de la combattre risque de d'empirer la situation. Il est important d'éviter de vous tendre en réaction à l'anxiété ou d'essayer de la faire disparaître. La tentative de suppression des symptômes initiaux de l'anxiété est une façon de vous dire : « je ne peux y faire face ». Il en est de même lorsque nous tentons de les fuir. Une approche plus constructive consiste à cultiver l'attitude qui affirme : « bon, elle est de retour. Je peux permettre à mon corps de réagir et d'y faire face. J'ai réussi dans le passé. » L'acceptation des symptômes de l'anxiété est la clé. En cultivant une attitude d'acceptation face à l'anxiété, vous lui permettez de progresser et de suivre son chemin. L'anxiété est causée par une augmentation subite d'adrénaline. Si vous pouvez laisser aller et permettre à votre corps d'avoir ses propres réactions (palpitations, serrement de la poitrine, mains moites et étourdissements) provoquées par cette augmentation subite d'adrénaline, l'anxiété passera en un instant.

La majeure partie de l'adrénaline libérée sera métabolisée et réabsorbée en cinq minutes, au plus. Dès que cela se produit, vous commencerez à mieux vous sentir. Les réactions provoquées par l'anxiété sont limitées dans le temps. Dans la plupart des cas, elle atteint des sommets et commence à se résorber en quelques minutes. Certaines crises d'anxiétés peuvent persister pendant un certain temps, mais les pires symptômes disparaissent après une courte période. L'épisode passera plus rapidement si vous ne l'aggravez pas en le combattant ou en réagissant contre celui-ci en employant la verbalisation intérieure du type « et si... ».

Mais sachez quand activer vos défenses

L'acceptation des symptômes initiaux de l'anxiété est essentielle. Une fois l'anxiété acceptée, il faut agir. L'anxiété et l'inquiétude sont des états passifs lors desquels vous vous sentez vulnérable, sans contrôle ou même paralysé. Si vous demeurez immobile et ne faites rien, votre anxiété aura tendance à rester au même point ou à s'aggraver. Vous vous sentirez alors victime. Lorsque l'anxiété survient, acceptez-la d'abord. Puis réalisez qu'il y a plusieurs choses à faire pour rediriger l'énergie réservée à l'anxiété vers quelque chose de plus constructif. Bref, ne tentez pas de combattre l'anxiété, mais ne demeurez pas passif non plus.

Agissez de façon constructive : ce qu'il faut faire

Voici trois types d'activités recommandées pour faire face à l'anxiété :

Des stratégies de prise en charge, soit des techniques actives pour neutraliser l'anxiété ou vous en distraire.

Des énoncés de prise en charge, soit des techniques mentales conçues pour rediriger vos pensées et remplacer la verbalisation intérieure négative.

Les affirmations qui peuvent être utilisées comme des énoncés de prise en charge, mais qui sont plutôt conçues pour fonctionner sur une longue période. Les stratégies et les énoncés de prise en charge vous aident à traverser un épisode d'anxiété en particulier alors que les affirmations servent à changer vos croyances fondamentales. Par exemple, vous pouvez utiliser une stratégie particulière ou un énoncé de prise en charge pour traverser une situation difficile. Vous pouvez également penser à une affirmation qui fait référence à la libération de la peur et avec laquelle vous travaillez depuis plusieurs mois.

Stratégies de prise en charge

Un certain nombre de stratégies de prise en charge ont été abordées dans les chapitres précédents. Lorsque vous êtes confronté à un début de crise d'anxiété ou d'inquiétude, vous pouvez :

- faire quelque chose pour détendre votre corps (chapitre 1). La respiration abdominale est souvent efficace pour neutraliser l'anxiété aiguë. Essayez de ralentir le rythme, peu importe ce que vous faites.

- faire quelque chose pour détendre votre esprit (chapitre 2). Prenez de quinze à vingt minutes pour effectuer une visualisation guidée ou pour méditer.

- mettre en œuvre des stratégies proactives pour faire face à votre peur (chapitre 4).

- prendre le temps de prendre soin de vous (chapitre 7). Des activités plaisantes, comme discuter avec des amis, prendre un bon repas ou un bain chaud ou se faire masser le dos peuvent s'avérer utiles.

- penser à autre chose (chapitre 9).

- élaborer un plan efficace pour faire face à l'inquiétude (chapitre 9).

À part celles-ci, il existe d'autres stratégies de prise en charge que vous trouverez probablement utiles pour traiter tous les niveaux d'anxiété, de l'inquiétude à l'appréhension légère, et ce, jusqu'à la panique. Certaines des stratégies les plus populaires sont décrites ci-dessous.

Parlez à une personne réceptive, de vive voix ou au téléphone

Lorsque vous parlez à une personne, cela empêche votre esprit de se concentrer sur vos symptômes physiques ou sur vos pensées. Que vous soyez en voiture avec un passager (ou si vous avez un téléphone cellulaire), que vous fassiez la queue à l'épicerie ou que vous soyez dans un ascenseur ou dans un avion, cela peut vous être utile. Lorsque vous parlez en public, le simple fait de se confier à l'auditoire peut souvent aider à chasser un début d'anxiété.

Bougez ou faites une activité routinière

L'activité physique vous permet de diffuser l'énergie ou l'adrénaline supplémentaire produite par la réaction combat-fuite qui survient lors d'une crise d'anxiété aiguë. Plutôt que de résister à l'alerte physiologique normale qui accompagne l'anxiété, bougez avec elle. Au travail, vous pouvez marcher jusqu'aux toilettes et revenir à votre bureau ou allez marcher dehors pendant une dizaine de minutes. À la maison, vous pouvez vous adonner à des tâches ménagères qui exigent une certaine activité physique, faire de l'exercice sur un vélo stationnaire ou améliorer vos habiletés de tir au panier. Le jardinage est un autre excellent moyen pour canaliser l'énergie physique d'une réaction d'anxiété.

Restez dans le présent

Concentrez-vous sur des objets concrets de votre environnement immédiat. Si vous êtes à l'épicerie, vous pouvez
observer les gens qui vous entourent ou feuilleter les
magazines qui se trouvent à proximité de la caisse. Si vous
conduisez, vous pouvez vous concentrer sur les voitures
qui se trouvent devant vous ou sur d'autres détails de
votre entourage (tant que vous ne perdez pas la route de
vue, bien entendu). Restez dans le présent et concentrez-
vous sur des objets extérieurs : cela contribuera à minimiser l'attention que vous portez aux symptômes physiques
qui sont source de complications ou aux pensées
« et si... » catastrophiques. Si possible, essayez de toucher
des objets qui vous entourent pour renforcer votre lien au
présent. Un autre moyen de garder les deux pieds sur terre
est de vous concentrer sur vos jambes et vos pieds. Si vous
êtes debout ou si vous marchez, portez attention à vos
jambes et à vos pieds et imaginez que vous êtes branchés
à la terre.

Techniques de distraction simples

Il existe plusieurs gestes simples et répétitifs qui peuvent
contribuer à vous distraire de votre anxiété. Vous pouvez :

- mâcher de la gomme ;

- compter à rebours à partir de 100 en déduisant chaque fois le nombre de 3 : 100, 97, 94, etc. ;

- compter le nombre de personnes dans la file à l'épicerie ;

- compter l'argent dans votre portefeuille ;

- si vous conduisez, compter les creux et les reliefs du volant ;

- faire claquer un élastique sur votre poignet. Ceci peut vous distraire de l'anxiété ;

- prendre une douche froide ;

- chanter.

Consultez la section « Distrayez-vous de l'inquiétude » au chapitre 9 pour obtenir davantage de suggestions sur la distraction.

Remarque : les techniques de distraction sont parfaites pour vous aider à faire face à l'occurrence soudaine d'anxiété ou d'inquiétude. Toutefois, ne laissez pas la distraction devenir un moyen d'éviter ou de fuir votre anxiété. Tôt ou tard, vous devrez faire face à l'anxiété et la laisser s'installer afin de vous y habituer. Chaque fois que vous subissez un afflux d'anxiété et que vous la laissez s'installer sans tenter de la fuir, vous réalisez qu'il est possible de survivre peu importe ce que votre système nerveux vous indique. Ce faisant, vous développez une confiance en votre habilité à gérer votre anxiété, peu importe la situation.

Soyez en colère contre l'anxiété

La colère et l'anxiété sont incompatibles. Il est impossible de ressentir les deux à la fois. Dans certains cas, les symptômes de l'anxiété sont un substitut à des sentiments plus profonds comme la colère, la frustration ou la rage. Si vous êtes en mesure d'être en colère contre votre anxiété lorsqu'elle survient, vous pourrez l'empêcher de grandir. Cela peut être fait verbalement ou physiquement. Vous pouvez parler à vos symptômes en ces termes : « écartez-vous de mon chemin. J'ai des choses à faire ! Je me fiche de ce que les autres pensent ! Cette réaction est ridicule ! Je vais aborder cette situation d'une façon ou d'une autre ! » Cette approche visant à « attaquer l'anxiété avant qu'elle ne vous attaque » peut s'avérer efficace pour certaines personnes.

Parmi les techniques consacrées pour exprimer physiquement la colère, il y a :

- frapper avec vos deux poings un oreiller placé sur le lit ;

- crier la tête dans un oreiller ou seul dans votre voiture, les vitres fermées ;

- frapper sur un lit ou un fauteuil avec un bâton de baseball en plastique ;

- lancer des œufs dans le bain (ce qu'il en restera se nettoiera plus facilement !) ;

- fendre du bois.

N'oubliez pas qu'il est très important, lors de l'expression de la colère, de la diriger vers un espace vide ou un objet et non vers une autre personne. Si vous êtes en colère contre quelqu'un, ventilez la charge physique de votre colère d'une des façons décrites ci-dessus avant de tenter de communiquer avec cette personne. Élevez-vous au-dessus des expressions physiques et verbales de colère envers d'autres êtres humains, en particulier envers ceux que vous aimez.

Faites l'expérience d'un plaisir immédiat

Tout comme la colère et l'anxiété sont incompatibles, le plaisir et l'état d'anxiété le sont également. L'une ou l'autre de ces actions peut contribuer à éliminer l'anxiété et même la panique :

- demandez à votre partenaire de vous prendre dans ses bras (ou de vous masser le dos) ;

- prenez une douche chaude ou détendez-vous dans un bain chaud ;

- prenez une collation ou un repas agréable ;

- ayez une relation sexuelle ;

- lisez des livres d'humour ou regardez une comédie.

Tentez un changement cognitif

Pensez à l'une ou l'autre des idées suivantes. Elles peuvent vous aider à modifier votre point de vue afin que vous puissiez laisser aller vos inquiétudes ou vos pensées anxieuses :

- acceptez que vous avez le droit de relaxer par rapport à ceci ;

- confiez le problème à votre puissance supérieure ;

- ayez confiance qu'elle passera inévitablement. Affirmez : « cela aussi passera » ;

- réalisez qu'il est peu probable que ce soit aussi négatif que ce que vos pensées laissent croire ;

- réalisez que de confronter le problème est un pas sur le chemin de la guérison ;

- rappelez-vous de ne pas vous blâmer. Vous faites de votre mieux et c'est le maximum que chacun peut faire ;

- faites preuve de compassion envers toutes les personnes qui sont aux prises avec un problème semblable au vôtre. N'oubliez pas que vous n'êtes pas seul.

Énoncés de prise en charge

Les énoncés de prise en charge sont conçus pour rediriger, et rééduquer, votre esprit en l'éloignant des effroyables « et si... » pour le diriger vers une position plus sûre et confortable de laquelle il sera en mesure de répondre à l'anxiété.

Lorsque vous êtes anxieux, vous êtes très influençable et donc plus sensible aux énoncés « et si... » que votre esprit vous propose. Si vous vous proposez des énoncés plus efficaces, réalistes et calmants, votre esprit commencera à accepter ces idées. Avec de la pratique et du temps, vous intérioriserez vos énoncés de prise en charge à un point tel qu'ils vous viendront automatiquement en tête lorsque vous serez confronté à l'anxiété ou à l'inquiétude. Il existe trois types d'énoncés de prise en charge :

1. énoncés de prise en charge *pour planifier d'avance afin de faire face à une éventuelle situation difficile* ;

2. énoncés de prise en charge *à utiliser pour faire face pour la première fois à une situation difficile ou effrayante* ;

3. énoncés de prise en charge *pour neutraliser les sensations d'anxiété ou de panique (spontanément ou lors d'une situation difficile).*

Énoncés de prise en charge pour se préparer à faire face à une situation effrayante

Aujourd'hui, je suis prêt à sortir légèrement de ma zone de confort.

C'est pour moi une occasion d'apprendre à être à l'aise dans cette situation.

Faire face à ma peur de _____ est le meilleur moyen de surmonter mon anxiété à son sujet.

Chaque fois que je choisis de faire face à _____, je fais un nouveau pas vers ma libération de la peur.

En faisant maintenant ce pas, je serai éventuellement capable de faire ce que je souhaite.

Il n'y a pas de bonne façon de procéder. Il arrivera ce qu'il arrivera.

Je sais que je me sentirai mieux lorsque je serai au coeur de la situation.

Peu importe ce que je fais, je fais de mon mieux.

Je me félicite d'être prêt à confronter ma peur de _____.

Il existe toujours un moyen de se retirer de la situation en cas de besoin.

Énoncés de prise en charge pour entrer dans une situation effrayante

J'ai géré une situation semblable dans le passé et je peux la gérer encore aujourd'hui.

Détends-toi et prends ton temps. Il n'y a aucune raison de forcer maintenant.

Rien de grave ne m'arrivera.

J'ai le droit de prendre mon temps. Je ferai ce que je suis prêt à faire aujourd'hui.

Je vais bien aller. J'ai réussi dans une situation semblable dans le passé.

Je n'ai pas l'obligation de réussir à la perfection. J'ai le droit d'être humain.

Je peux m'imaginer que je suis dans un endroit paisible alors que j'entre dans cette situation.

Je peux surveiller mon niveau d'anxiété et me retirer de la situation en cas de besoin.

Énoncés de prise en charge pour enrayer la sensation d'emprisonnement

Ce n'est pas parce que je ne peux pas quitter immédiatement que je suis enfermé. Je vais d'abord me détendre puis quitter un peu plus tard.

L'idée d'être emprisonné n'est qu'une pensée. Je peux me détendre et chasser cette idée.

Énoncés de prise en charge généraux pour l'anxiété ou la panique

Je peux faire face à ces symptômes ou à ces sensations.

Ces sensations ne servent qu'à me rappeler d'utiliser mes capacités de prise en charge.

Je peux prendre mon temps et laisser ces sensations passer.

Je mérite de bien me sentir en ce moment.

Ce n'est que l'adrénaline : ça passera dans quelques minutes.

Ça passera bientôt.

Je peux passer au travers.

Ce ne sont que des pensées, ce n'est pas la réalité.

Ce n'est que l'anxiété : je ne la laisserai pas m'atteindre.

Cette anxiété ne me fera pas de mal, même si c'est désagréable.

Rien de ce qui se rapporte à ces sensations ou à ces sentiments n'est dangereux.

Je n'ai pas besoin de laisser ces sensations m'arrêter. Je peux continuer à fonctionner.

Ce n'est pas dangereux.

Ce ne sont que des pensées anxieuses, rien de plus.

Et puis.

Inscrivez vos énoncés de prise en charge sur des fiches

Pour que vos énoncés de prise en charge soient toujours à votre portée, inscrivez ceux que vous utilisez le plus souvent sur une fiche (ou sur plusieurs fiches, si vous préférez) que vous garderez dans votre portefeuille ou dans votre sac ou que vous collerez sur le tableau de bord de votre voiture. Lorsque les symptômes de l'anxiété se manifestent, sortez la fiche et lisez-la. N'oubliez pas que vous avez besoin de pratiquer vos énoncés de prise en charge à plusieurs reprises avant de pouvoir les intérioriser. Éventuellement, ils remplaceront la verbalisation intérieure négative et catastrophique qui tend à alimenter votre anxiété. L'effort que vous investirez dans la pratique de vos énoncés de prise en charge en vaudra la peine.

Affirmations

Les énoncés de prise en charge, ainsi que les stratégies de prise en charge précédemment abordées, peuvent contribuer à diminuer votre anxiété du moment. Les affirmations sont utiles dans l'immédiat, mais elles peuvent l'être également à long terme. Elles peuvent vous aider à remplacer les croyances de longue date qui tendent à entretenir l'anxiété. Leur objectif est de vous aider à développer une attitude plus constructive et autonome envers votre propre expérience de l'anxiété. Plutôt que d'être une victime passive de l'anxiété, vous pouvez développer une attitude de maîtrise active. Plutôt que de vous sentir coincé sans aucun moyen de réagir ou dépassé par la panique, la peur ou l'inquiétude, vous pouvez développer une plus grande confiance dans votre capacité à surmonter l'anxiété.

Les affirmations qui suivent ont pour objectif de vous aider à changer les attitudes et croyances qui entretiennent votre anxiété. Si vous ne les lisez qu'une ou deux fois, cela ne fera pas une grande différence. Par contre, en les répétant chaque jour pendant quelques semaines ou quelques mois, vous commencerez à changer votre attitude par rapport à la peur, et ce, de façon constructive. Une façon d'y arriver est de lire lentement la liste des affirmations, une ou deux fois par jour, tous les jours. Réfléchissez à chaque énoncé lorsque vous le lisez. Mieux

encore, enregistrez-les sur cassette et laissez quelques secondes de silence entre chaque affirmation. Ensuite, lorsque vous êtes détendu, écoutez la cassette une fois par
jour. Cela vous aidera à développer une attitude plus positive et confiante à votre vie et à vous-même.

Pensées négatives et affirmations positives pour les combattre

C'est insupportable!
Je peux apprendre à mieux faire face à cette situation.

Et si cela continuait sans relâche?
Je vais m'en occuper une journée à la fois. Je n'ai pas
à m'en faire avec ce qui arrivera dans le futur.

Je me sens mal en point et inadéquat par rapport aux autres.
Certains d'entre nous doivent emprunter un chemin
plus difficile que d'autres. Comme être humain je
vaux autant que les autres, même si je parais en faire
moins.

*Pourquoi dois-je faire face à ceci? Les autres sem-
blent plus aptes à profiter de la vie.*
La vie est une école. Peu importe les raisons, pour
l'instant, j'ai un chemin plus difficile à parcourir. Ça
ne fait pas de moi quelqu'un de mauvais. En fait, l'ad-
versité permet de développer des qualités comme la
force et la compassion.

Ça me semble injuste d'être affecté de cette condition.
La vie peut parfois sembler injuste. Si nous avions
une vue d'ensemble de la situation, nous constate-
rions que tout se passe comme prévu.

Je ne sais pas comment faire face à ceci.
Je peux apprendre à mieux faire face, étape par étape, grâce à cette situation et à toute autre difficulté que la vie m'apporte.

Je me sens tellement inadéquat face aux autres.
Laisse les autres faire ce qu'ils ont à faire. Je parcourre le chemin de la croissance et de la transformation intérieures, ce qui est tout aussi valable. La paix que je trouve en moi peut se révéler un cadeau pour les autres.

Chaque journée m'apparaît comme un grand défi.
J'apprends à prendre les choses plus lentement. Je prends le temps de prendre soin de moi-même. Je prends le temps de faire de petites choses pour prendre soin de moi.

Je ne comprends pas pourquoi les choses sont comme ça. Pourquoi est-ce à moi que cela arrive?
Les causes sont multiples. Il y a l'hérédité, l'environnement et l'accumulation de stress. Comprendre les causes satisfait l'intellect, mais ce n'est pas ce qui soulage.

J'ai l'impression de devenir fou.
Lorsque le niveau d'anxiété est élevé, j'ai l'impression que je perds le contrôle. Mais ce sentiment n'a rien à voir avec le fait de devenir fou. Les troubles anxieux sont loin de la catégorie de troubles caractérisés par la folie.

Je dois vraiment combattre ceci.
Mon combat contre le problème ne m'aidera pas autant que si je prends plus de temps dans ma vie pour prendre soin de moi.

Je n'aurais pas du laisser ceci m'arriver.
Les causes à long terme de ce problème sont fonction de mon hérédité et de ce que j'ai vécu durant mon enfance : je n'ai pas causé cette condition. Maintenant, je peux prendre soin de moi.

Affirmations anxiolytiques

J'apprends à lâcher prise face à l'inquiétude.

Chaque jour, je deviens meilleur pour maîtriser l'inquiétude et l'anxiété.

J'apprends à ne pas alimenter mes inquiétudes, à choisir la paix plutôt que la peur.

J'apprends à choisir consciemment ce que je pense et je choisis des pensées qui me soutiennent et qui me sont bénéfiques.

Lorsque des pensées anxieuses surviennent, je prends le temps de me détendre et de les laisser aller.

La relaxation profonde me donne la liberté de choisir de ne plus avoir peur.

L'anxiété est constituée de pensées illusoires : des pensées que je peux abandonner.

Lorsque je vois la plupart des situations comme elles sont réellement, je constate que je n'ai aucune raison d'avoir peur.

Les pensées négatives sont normalement exagérées et j'améliore ma capacité de les neutraliser au besoin.

De plus en plus, ça devient facile de me détendre et de me parler pour neutraliser l'anxiété.

Je me garde l'esprit trop occupé à penser de façon positive et constructive pour avoir le temps de m'inquiéter.

J'apprends à contrôler mon esprit et je choisis les pensées qui m'habitent.

Je gagne confiance en moi, sachant que je peux faire face à toute situation.

La peur se dissout et disparaît de ma vie. Je suis calme, confiant et sûr de moi.

Parce que je prends la vie plus lentement et aisément, elle est plus paisible et facile.

Alors que ma capacité de me détendre et d'être sûr de moi augmente, je réalise qu'il n'y a rien à craindre.

De plus en plus, ma confiance grandit, sachant que je peux faire face à toutes les situations qui surviennent.

Scénario pour surmonter la peur

Le scénario suivant fonctionne bien lorsqu'il est enregistré sur cassette. N'oubliez pas de le lire lentement.

Se concentrer sur une peur l'aggrave toujours. Lorsque je peux suffisamment me détendre, je peux modifier ma concentration. Je peux occuper mon esprit avec des idées agréables et constructives. Je ne peux faire disparaître les pensées négatives. Lorsque je les combats, elles semblent prendre de l'importance. Je choisis plutôt de tourner mon esprit vers des pensées et des scénarios plus paisibles et calmes. Chaque fois que je le fais, je choisis la paix plutôt que la peur. Plus je choisis la paix, plus elle fait partie de ma vie. À force de pratique, je deviens plus efficace lorsque vient le temps de tourner mon esprit vers des pensées positives. J'apprends comment passer moins de temps à me concentrer sur la peur. Je deviens meilleur pour choisir des pensées saines et utiles plutôt que négatives. Je prends le temps de me détendre, de me rebrancher sur cet endroit à l'intérieur de moi qui est toujours habité par la paix.

Lorsque je prends le temps de faire cela, je peux choisir de m'éloigner des pensées négatives. Je peux me permettre de laisser mon esprit croître dans cet endroit qui est beaucoup plus grand que mes pensées négatives. La peur n'occupe qu'une petite et étroite partie de mon esprit.

Lorsque je me détends ou que je médite, mon esprit s'ouvre au point de transcender la peur. J'apprends à constater que mes pensées négatives exagèrent le risque ou la menace. Le risque réel dans la plupart des situations est minime. Bien sûr, il est impossible d'éliminer complètement le risque. Être dans un corps physique dans un monde physique comprend certains risques. Seul le paradis peut procurer un état sans risque. Actuellement, j'apprends à reconnaître ma tendance à exagérer les risques, à les grossir de façon disproportionnée. Chaque peur implique de surestimer le risque de danger et de sous-estimer ma capacité à y faire face. Si je prends le temps d'examiner mes pensées négatives, je découvrirai qu'elles sont irréalistes dans la plupart des cas.

Lorsque je choisis de regarder la plupart des situations avec réalisme, je constate qu'elles ne sont pas dangereuses. Je pratiquerai le remplacement de mes pensées négatives par des pensées réelles et, éventuellement, mes pensées négatives disparaîtront. Chaque fois que j'ai peur, je reconnais le caractère irréel de mes pensées négatives et je les laisse aller plus facilement.

Le plus important est de ne pas alimenter la peur, de ne pas se concentrer sur elle ou de lui donner de l'énergie. Je préfère me pratiquer à diriger mon attention vers quelque chose, n'importe quoi, qui me fait me sentir mieux. Je peux me concentrer sur une discussion avec un ami, lire un texte enrichissant, travailler de mes mains, écouter une cassette ou pratiquer des activités qui m'aident à maintenir mon esprit à l'abri de la peur. Avec de la pratique, je deviens de plus en plus apte à éloigner les pensées négatives et ne plus leur accorder d'importance. Je commence à devenir maître plutôt que victime de mon esprit. J'apprends que j'ai davantage de choix en ce qui a trait à la peur. Je peux y entrer ou en sortir. Avec le temps, j'apprends à en sortir. Ma vie devient plus facile et paisible. Ce faisant, je contribue à créer un monde plus paisible autour de moi.

Ressources

Musique relaxante

Les pièces de l'un ou l'autre de ces musiciens vous sont recommandées pour leur effet relaxant :

William Ackerman

Jim Brickman

Steve Halpern

Michael Jones

David Lanz

George Winston

En règle générale, les collections ou compilations musicales créées par Windham Hill ou Narada sont recommandées.

Pour les amateurs de musique classique, nous recommandons : *The Most Relaxing Classical Album in the World... Ever!* par Virgin Records.

Les disques compacts et les cassettes des artistes précédents sont disponibles chez tous les bons disquaires et sur les sites Web de vente en ligne comme Amazon.

Sites Web

www.adaa.org
Le site Web de l'Association des troubles anxieux d'Amérique. En anglais. Contient de l'information pour les con-

sommateurs et les professionnels, des babillards électroniques, des bavardoirs, etc.

www. algy. com/anxiety
Moteur de recherche spécialisé dans l'anxiété, la panique, les traumatismes, le stress, les troubles obsessionnels-compulsifs, etc. En anglais.

www.healingwell.com/anxiety
Le site Web du Anxiety-Panic Resource Center (Centre de ressources sur l'anxiété et la panique). Information de base, bulletin de nouvelles, articles, expériences personnelles, babillards électroniques et cyberbavardage. En anglais.

Hiérarchies additionnelles

Groupes

Si cela peut vous aider, faites d'abord une séquence entière avec un aidant, puis ensuite seul.

1. Rejoignez un petit groupe de connaissances et passez de trois à cinq minutes sans participer.

2. Identique au no 1, mais dites quelque chose, quitte à dire uniquement votre nom.

3. Identique au no 1, mais restez jusqu'à dix minutes et intervenez brièvement.

4. Identique au no 1, mais restez avec le groupe pendant au moins dix minutes et parlez pendant une minute ou participez à une brève conversation.

5. Identique au no 4, mais allongez la période pendant laquelle vous restez avec le groupe à un maximum de une demi-heure et parlez pendant un maximum de cinq minutes.

6. Répétez les étapes 1 à 5 dans un groupe de personnes plus important où vous ne connaissez que quelques personnes.

7. Répétez les étapes 1 à 5 avec un petit groupe d'étrangers (votre aidant étant toujours présent).

8. Répétez les étapes 1 à 5 avec un gros groupe d'étrangers (votre aidant étant toujours présent).

9. Répétez les étapes 1 à 8 seul, sans votre aidant.

Prendre l'avion

Faites d'abord une séquence entière avec un aidant, puis ensuite seul.

1. Approchez-vous de l'avion et faites-en le tour en voiture.

2. Stationnez-vous à l'aéroport, entrez dans le terminal et restez-y de une à dix minutes.

3. Si possible (les règlements de sécurité ne le permettent peut-être pas), essayez de vous organiser pour vous asseoir à la barrière pendant une à dix minutes.

4. Si possible, organisez-vous pour pouvoir passer cinq minutes dans un avion au sol.

5. Quittez l'avion au sol puis pénétrez de nouveau dans celui-ci. Cette fois, demandez qu'on ferme la porte de l'avion.

6. Faites un court vol, de pas plus de 20 ou 30 minutes.

7. Faites un vol plus long, de une ou deux heures.

8. Faites un vol plus long, de trois à cinq heures.

Les étapes 4 et 5 font normalement partie des programmes pour contrer la peur de l'avion offerts par plusieurs grands aéroports. Si un tel programme n'est pas disponible, tentez d'organiser le même processus avec un aéroport privé qui offre des cours de pilotage.

Faire ses emplettes au supermarché

Si cela peut vous être utile, réalisez d'abord la séquence avec un aidant à proximité ou dans le magasin, puis avec l'aidant qui vous attend près de la voiture, puis, éventuellement, seul.

1. Asseyez-vous dans le stationnement et regardez le magasin.

2. Marchez jusqu'à la porte d'entrée et restez-y pendant une à cinq minutes.

3. Entrez et sortez du magasin.

4. Entrez dans le magasin et restez près de la porte pendant une à cinq minutes.

5. Retournez dans le magasin, traversez-le à moitié et restez-y pendant une à cinq minutes.

6. Marchez jusqu'à l'arrière du magasin et restez-y pendant une à cinq minutes.

7. Restez dans le magasin pendant une à cinq minutes et visitez différentes sections.

8. Restez dans le magasin de dix à trente minutes.

9. Achetez un article et payez-le à la caisse express.

10. Payez deux ou trois articles à la caisse express alors qu'une ou deux personnes attendent en ligne devant vous.

11. Payez plus de trois articles à la caisse express alors que plus de deux personnes attendent en ligne devant vous.

12. Payez trois articles ou plus à une autre caisse.

13. Identique au no 12, mais vous achetez cinq à dix articles.

14. Identique au no 12, mais vous achetez de dix à vingt articles.

Le **Dr Edmund J. Bourne** s'est spécialisé dans le traitement des troubles anxieux et des problèmes connexes depuis deux décennies. Pendant plusieurs années, le docteur Bourne a été directeur de l'Anxiety Treatment Centre de San Jose et de Santa Rosa, en Californie. Ses livres à succès suivants sur l'anxiété ont aidé des centaines de milliers de lecteurs des quatre coins du monde : *The Anxiety and Phobia Workbook* et *Beyond Anxiety and Phobia*. Le Dr Bourne vit et pratique à Hawaï et en Californie.

Lorna Garano est rédactrice pigiste et vit à Oakland, en Californie.